Class

Class

최문정 지음

나의 첫 직장을 서비스직으로 선택하면서 나는 사회의 시험대에 올라 20대의 꿈같은 청춘을 보냈다. 하고 싶은 일도 많았고 내가 하고자 하면 뭐든지 다 이루어질 것 같은 세월은 흘러가 버렸다. 결국 13년차의 서비스직을 하게 되면서 많은 생각을 하게 되었고 몸소 깨치며 느낄 수 있었다. 이제 나에게 남은 현실은 30대 중반이 되어버린 어정쩡한 나이대의 사회적인 위치다.

'과연 내가 앞으로 무엇을 할 수 있을까?'
'내가 할 수 있는 일이 있긴 한 걸까?'

여러 가지 생각들이 충돌하며 애매한 상황 속에 놓여 있다. 가만히 돌이켜보면 한살이라도 어릴 때 좀 더 다양한 경험을 하지 못했다는 것이 큰 후회로 남는다. 늦었다고 생각했을 때 늦은 것이 아니라고 누가 그랬나? 늦었다고 생각했다면 정말 늦은 것이 맞다.

20대를 허송세월 보내듯이 시간만 흘러가게 내버려 두지 않았으면 한다. 놀고 싶고 먹고 싶고 사람 만나고 싶은 혈기왕성한 나이일 때 한 가지라도 더 배우고 경험하고 도전해보는 것이다. 취미시간을 따로 내어 수영을 못하면 수영을 배우고, 스펙 중에 외국어가 부족한 실력이면 하나라도 습득해서 내 실력을 키우는 것이다. 한 가지라도 제대로 배웠다면 앞으로 후회할 일은 생기지 않는다.

　　앞서 출간한 『비상』에 수록되어 있던 보안서비스직을 하면서 마주한 다양한 에피소드와 이야기들은 내 삶의 극히 일부분에 불과하여 좀 더 심도 깊은 나의 생각과 현실적인 상황에 맞춰 정리한 비상 2탄, 『Class(클라스)』를 내게 되었다. 많은 직장인들과 사회 초년생들이 이 책을 읽고 조금이나마 공감되고 귀감이 되어 스스로 생각하고 판단할 수 있는 시간을 가졌으면 한다.

2018년 10월 최문정

목차

글을 쓰기 전에 • 4

만렙

- 10000 Level : 하나의 게임에서 최고의 레벨을 뜻하는 말.
  한 분야에 오래 종사하며 터득한 노하우를 가진 고단수를 일컫는다.

선임 A에 관한 이야기를 해보려 한다.

A는 말수가 적었고 묵묵히 일을 하며 아래 직원들을 살뜰히 챙기셨던 분이셨다. 그 당시 백화점의 사정으로 정직원에서 용역업체로 바뀌면서 몰랐던 이야기를 들을 수 있었는데 A에 관한 이야기였다.

보안직원들은 정직원에서 용역업체로 바뀌는 걸 아무도 원치 않았다고 한다. 직원들끼리 대책회의가 펼쳐졌고 몇몇은 백화점의 관리자를 찾아가 단체로 일을 하지 않겠다는 선포를 하기로 했다.

약속한 당일이 되자 관리자를 찾아간 이는 A혼자였다. 결국 동료들은 약속을 지키지 않았고 A는 큰 배신감을 느끼며 혼자서라도 의견을 어필했다. 돌아오는 건 좋지 않은 말들뿐이었고 대책 없이 나선 철없는 사람으로 제대로 찍혀버렸다.

나머지 직원들은 모두 그만두려하였고, A도 나가려고 하자 다른 직원이었던 C가 제안을 했다.

"A야, 너도 나이가 있는데 우리랑 남아서 일하자."

"뭐? 이 상황에 내가 여길 다시 일하라고? 난 못한다."

"야, 그러지 말고 잘 생각해봐. 내가 윗선에 잘 말해서 반장의 직급을 줄게. 네가 애들 가르치고 관리자로서 진급하면 너도 좋은 일 아니겠나?"

A는 고민에 빠졌다. 그도 그럴 것이 갈 곳이 없었고 선택의 여지가 없었다. 고민의 고민을 거듭한 후, 결국 C의 의견을 따르기로 한다.

A는 동료들이 결정적인 순간에 배신을 했던 사실만큼은 잊혀지지 않은 채 가슴 한편에 새겨져 있었다. 참 안타까웠다. 하지만 결과를 보면 관리자의 직급이 생겼으니 그렇게 나쁜 결과라고는 생각하지 않았다.

몇 년이 지나 A는 몸 상태가 안 좋아지기 시작했다. 갖은 스트레스와 이리저리 다치는 일이 겹치자 견디기 힘들었던 것 같다.

A는 고심의 끝에 그만두기로 한다. 다른 사람들이 다시 생각해 볼 것을 권유했지만 확고한 그의 다짐을 막을 수는 없었다.

난 걱정이 됐었다. 적지 않은 나이에 혼자 살면서 주변에 가족들도 없는데 과연 잘 견뎌낼 수 있을까? 멘탈도 강하지 않아 극단적인 선택을 할까 조바심이 생겼던 것이다. 하지만 예상 외로 별다른 소식 없이 시간은 지났다.

그러던 어느 날, 사무실에 앉아 근무를 하고 있을 때였다.

전화 한통이 울렸다.

"네, 감사합니다. 백화점 안전관리실 최문정 사원입니다. 무엇을 도와드릴까요?"

"………."

"여보세요."

"………."

"여보세요? 말씀하세요."

"………."

"문정이가?"

"네? 예…."

"내다…."

수화기를 들고 잠시 생각을 해 보았다.

"내다."

'누구지?'

익숙한 목소리였다.

"아… 반장님이세요?!!"

"그래… 으ㅎㅎㅎㅎ흑… 흐흘ㅎㅎㅎㅎ흑……"

'이건 분명 우는 목소리인데…'

"반장님?"

"ㅎㅎ르___ㅎ_____ㅎ…야이 개…새…액끼 들아… 아…하 흐ㅎㅎㅎ… 너희가 어떻게 나한테 이럴 수가 있노? 어떻게 이럴 수가 있냐고!!"

하면서 전화는 끊어졌다.

'오잉? 내가 잘못 들었나? 개새끼?? 이게 무슨 말이지?'

전화가 끊기자 멍하니 전화를 바라보았지만 두 번 다신 전화가 걸려오지 않았다.

내 옆을 지켜보던 다른 관리자 B가 말했다.

"무슨 전화고?"

"네?!!"

"아, 아니. 그게 아니라 A 같은데, 대뜸 우시네요. 욕하시면서… 뭐지?"

"뭐? 갑자기?"

"네…"

"뭐지?"·

B도 황당해했다.

우린 잠시 잊혀졌던 목소리에 무슨 일이 생긴 건지 놀라울 따름이었다. 더 이상의 연락은 오지 않았고 시간이 지나 실장이었던 C가 그만두는 일이 생겼다.

공석으로 남겨진 C의 자리에 B가 진급하게 되었지만 큰 고민에 빠지고 말았다. 그 당시 B는 시간강사로 대학에서 학생들을 가르치는 일도 하고 있었기에 실장이라는 직책이 부담이 되었다. 실장은 책임감을 가지고 모든 업무에 충실해야 하고 회사 관리자들에게 잘 보여야 하는 자리이기에 불가피한 상황이 생겨선 안됐던 것이다.

고민을 하다 B는 A에게 연락을 한다. 실장 직책을 추천해 준 것이다. 하지만 A는 거부한다.

"내가 다시 거기에 왜 들어가노? 싫다. 안 간다."

"A야, 생각을 해봐라. 실장 직급이면 너 밖에 할 사람이 없다. 누구를 올리겠노? 네가 생각을 잘 해봐라."

A는 그만두고 다른 곳에 보안으로 입사했지만 어딜 가나 그렇듯이 젊은 직원들과 낯선 곳에서의 적응은 힘들었다고 토로했다.

그 후에 A는 결심을 내리고 실장 직책을 맡기로 하였다. 무언가 결의에 찬 표정과 달라진 모습으로 다시 돌아 온 것이다. 실장으로서 예전의 모습은 잊고 새로운 마음가짐으로 일을 하려 했다.

사무실에 앉아 있을 때였다.

A가 나에게 물었다.

"문정아, 혹시 내가 예전에 사무실에 전화한 거 애들한테 말하지 마라."

아마 그때 전화했던 일이 마음에 거슬린 듯 보였다.

난 대답했다.

"아… 그거요? 근데 알만 한 사람은 다 알아요. 사람들이 누구한테 전화 왔는지 물어봤었거든요."

A는 민망한 듯 더 이상은 말하지 말라며 자리를 떠났다.

A가 다시 돌아온 뒤 달라진 점은 헤어스타일을 군대에 입대하는 사람처럼 짧게 자른 점과 예전처럼 감정적으로 사람을 대하지 않고 계산적으로 대하겠다며 선포를 한 점이었다. 이에 갑자기 변해버린 룰도 있었고 일적인 면에서 다른 점이 발생하기 시작했다.

거기에 불만 섞인 목소리도 있었고 A를 따르는 직원들도 생겨났다. 이 모든 상황을 지켜보고 있던 나는 A가 우려되었다. 대화를 이어나가다 보면 한 번씩 욱하는 감정들이 터져 나왔기 때문이다.

A는 갑자기 이야길 하다 혼자 흥분을 하며,

"내가 여기 왜 다시 들어왔는데? 잘못된 모든 것을 바로잡기 위해서다. 앞으로 얄짤없다. 난 흔들리지 않는다. 예전에 A가 아니다."

이런 대화가 수시로 나타나자 난 걱정이 되기 시작했다. 한번씩 A와 B는 의견충돌이 있었고 무슨 일이 생긴 다음날은 항상 머리 길이가 짧아졌다. 이러다 삭발하여 절로 들어갈까 걱정도 되었다.

'이제 해탈하는 건가?'

어느 날이었다.

어떤 일이 생겨 처리하는 과정에서 백화점 관리자와 A의 의견 충돌이 생겼다. 그러자 평소 불만이 있었던 B에 대한 감정이 섞여 보안실에서 폭발하고야 말았다. 무전기를 집어던지며 갑자기 사라진 것이다. 난 속이 상해서 바깥으로 담배를 피러 나간 것이라 생각했지만 시간이 지나도 돌아오지 않았고 연락이 되질 않았다. 이 사태를 어떻게 수습해야 하나 하고 있을 때 야간 근무였던 B가 급하게 출근을 하였다.

지금도 이 일은 잊혀지지 않은 황당한 사건으로 남아있다.

난 궁금한 걸 참지 못하고 A에게 물어보았다.

"도대체 그날 어디 가셨습니까?"

"너무 화가 났다. 그래서 도저히 일할 수 있는 상황이 아니라 차를 타고 용궁사로 갔었다. 답답해서 마음을 좀 다스리고 왔다."

난 할 말을 잃었다.

'정말 절에 다녀왔구나…'

머리가 소멸되기 직전 상태의 더 짧아진 A의 머리를 보며 아직은 완벽히 깨우치지는 못했구나 싶었다.

이 일을 계기로 난 A와 B의 일처리 능력을 다시 한 번 생각하게 되었다.

B는 무슨 일이 생겼을 때 상황판단이 빠르고 대처능력이 월등했다. 그렇지만 늘 계산적이었기에 불리한 상황이 생기면 잘 빠져나갔고 절대 혼자서 모든 책임을 지지 않았다.

이에 반해 A는 예전부터 혼자서 모든 걸 책임지고 떠안았고 사람이 착하다 못해 답답했다. B에 관해 A는 티를 안냈지만 서로간의 조금씩 좋지 않은 감정들이 쌓여가고 있었다.

난 중간 입장이 되었고 A와 B는 서로가 서로에게 못마땅한 감정을 나에게 돌아가면서 표출하였다.

'이럴 거면 둘이 그냥 시원하게 싸우면서 따지던지 하지… 왜 자꾸 둘러서 나한테 말을 하는 거야?'

지금 생각해보면 서로 잘 맞지 않았어도 입바른 소리를 할 수 없는 결정적인 이유가 있었다.

A는 B에게 실장직을 추천받아 여태까지 한 자리하며 타이틀을 유지할 수 있었고 B는 A를 앞세워 큰일은 책임전가를 하며 피했고 계속 시간강사직으로 일을 할 수 있는 상황에 만족할 수밖에 없었던 것이다.

또한 A는 다시 복귀하면서 이곳에서 좋은 인연을 만나 결혼까지 한 상황이었다. 집을 구하면서 대출까지 받아 쉽게 그만둘 수 없는 현실이기도 했다. 그 당시 난 왜 저렇게들 악착같이 서로를 욕하면서도 같이 일할 수밖에 없는 것인지 답답한 마음이 많았지만 이젠 이해가 간다.

서로가 서로의 입장이 되어 생각하면 이해가 되는 것이다. A와 B는 불편하지만 이어나갈 수밖에 없는 공생관계로 앞으로도 계속 유지될 것이다. 살다보면 언젠가는 한 번씩 감정이 터지겠지만 아슬아슬한 거리에 서로가 서로를 레벨업(level up) 시켜주며 만렙이 될 때까지 말이다.

어딜 가나 직장생활에 불편한 사람은 있다. 그렇다고 피해갈 수 있는 상황이 되지도 않아 스트레스를 받으며 일을 한다. 필요할 땐 상대방을 이용해 가면서까지 자신의 단점을 가린다. 제3자의 입장이 되어 냉정하게 판단해 보면 모든 행동들이 보이지만 솔직하게 말해줄 수는 없다. 때로는 모르는 척 해야 회사생활이 편하다.

양심에 가책이 느껴지고 지적질을 하고 싶은 사람들이 생겨날 때 마다 이렇게 생각해 보자.

'저 사람도 먹고 살려면…'

'대출금을 다 갚으려면…'

'자녀 양육비, 애기 우유 값이라도 벌어야 한다면…'

어쩔 수 없이 이렇게 살아가야 함을 이해가 안가더라도 이해해 보도록 하자.

급여인상

백화점에 오랫동안 근무를 하면서 제일 고민되고 신경이 쓰였던 건 급여에 관한 부분이었다.

여직원은 야간근무를 하지 않는다. 그래서 야간수당은 없다. 그걸 알지만 10년차에 접어들면서 급여가 1~2년 된 남자사원 보다도 작다는 것은 누구한테 말할 수도 없는 사실이었다. 그렇다고 관리자가 될 수도 없으니 늘 그대로였고 1년이 지나면 오르는 5만원이 다였다. 그것도 매년마다 오르는 게 아닌 입사하고 1년이 지나서 받은 그게 다였다.

남들이 들으면 미쳤다고 할 수도 있고 이해가 안 되는 사람들이 많을 것이다. 해마다 기초시급은 올랐으니 그걸 제외하더라도 10년이 된 만큼의 대우, 그런 건 없었다.

하지만 먹고 살만큼의 돈은 받았다고 생각하기에 이때까지 버텨

왔던 것 같다. 지금 생각하면 바보 같기도 하고 기가 찰 노릇이기도 하다.

그렇게 일하다 보니 열심히 일하고 싶지 않았던 적이 있었다. 받는 돈만큼만 일하고 시간만 때우고 집에 빨리 가고 싶었다. 난 자원봉사자도 아니고 기부천사도 아니다. 이곳에서 오랫동안 일을 하면서 돈만 바라봤다면 결코 일하지 못했을 것이다.

어느 날이었다.

매장 순찰을 돌고 있는데 남직원들이 한두 명씩 보이지 않았다. 다들 어딜 갔는지 돌아다니다 보면 쉬는 공간에 짱 박혀서 쉬고 있었다. 물론 매장에 사람이 없고 쉬는 시간이 특별히 정해져 있지 않았기에 이해할 수 있는 부분이었다. 하지만 이런 패턴이 오래 지나다 보면 쉬는 시간이 늘어가고 일하는 시간이 더 작아지는 등의 이상현상이 생기기도 한다.

이 문제는 고민거리가 되면서 관리자들이 제일 머리 아파하는 부분이었다. 일일이 사원들을 감시하기도 힘들거니와 별 문제없이 지나간다면 아무도 모를 일이기도 했다. 그걸 잡아주는 역할이 선임들이었고 선임들이 신입이나 직원들을 감시하는 역할도 맡아 했었다.

하지만 일부 선임들은 일을 제대로 하지 않았다. 자기는 놀면서 밑에 사원들만 지시하고 명령하듯 부려먹기 일쑤였다. 거기에 불응하면 어떤 식의 상황이 생길지 불 보듯 뻔했다.

나는 이런 상황을 많이 봐왔었고 입사한 뒤 몇 년이 지나자 백화점 관리자가 여사원들만 사무실 근무를 병행하라는 지시를 내린다.

초반에는 일부 직원들의 탐탁지 않은 시선을 많이 받았다. 하지만 나는 알고 있었다. 사무실 근무가 엄청 피곤하다는 것을 말이다. 앉아서 업무를 보니 몸은 편할지 몰라도 계속 걸려오는 전화와 일이 생기면 CCTV판독을 하며 고객을 응대하고 재빠른 무전 연락을 통해 매장 근무자들에게 상황 전달을 실시간 보고해줘야 했다. 때에 따른 보고서도 제출해야 하고 백화점 담당 관리자들에게 보고를 눈치껏 잘해야 하는 민첩성이 필요했다. 그러다 보니 하루 종일 긴장의 연속이었다. 몸은 덜 피곤할지라도 정신적으로 스트레스가 많은 곳이었다. 그렇기 때문에 사무실 업무는 신입을 배치시킬 수 없다.

관리자와 경험 많은 선임들을 사무실에 배치했던 것이다. 나는 피곤했다. 그도 그럴 것이 다른 직원들과 나를 비교해보니 버는 돈은 작은데 일은 힘들었고 스트레스가 쌓여가고 있었던 것이다. 그러던 와중에 각조의 조장을 한 명씩 뽑았고 조장들에게는 책임감을 가지라며 5만원을 더 인상해 주었다. 솔직히 기분이 좋지 않았다.

고민을 하던 중에 본사 직원이 찾아왔고 직원에게 월급에 관한 얘기를 하였다. 본사 직원은 안타까워하며 본사에 의뢰를 해서 올려 받을 수 있게 도와주겠다고 했다. 나는 너무 기뻤고 기다리는 시간이 행복하기까지 했다.

시일이 지나 본사 직원이 나를 찾아왔다.

"문정씨, 잠시 밖에서 얘기 좀 해요."

따라나선 나에게 직원은 봉투 2개를 내밀었다.

"이게 뭔가요?"

"아… 문정씨, 오해 하지 말고 들어요. 이번에 말한 월급 인상 건은 힘들 것 같아요."

말이 끝나자마자 난 힘이 빠졌다.

"오래 일한 건 알아요. 열심히 일 해주는 것도 아는데… 요즘 워낙 경기가 힘들다 보니 이렇게 됐네요."

난 아무런 말이 나오지 않았다.

직원은 계속해서 말을 이어나갔다.

"그래서 말인데… 이거 호텔 뷔페 이용권 2장이에요. 남자친구랑 맛있게 먹으면서 기분 좀 풀어요. 이거 비싼 거예요. 알겠죠?"

난 더 이상 무슨 말을 해야 할지 떠오르지 않았다.

봉투도 마음 같아서는 집어 던져버리고 싶었다. 내가 매년마다 올려 달라 한 적도 없었고 이런 얘기를 진지하게 꺼내본 건 처음이다.

관리자들이 얘기한 것도 아니고 본사 직원에게 이런 얘길 들으니 앞으로의 가망성은 더욱더 없어져 버렸다. 속은 너무 상했지만 봉투를 집어 들었다. 어차피 인상해주기 싫어서 이런 걸로 대체를 하는 거겠지.

갑자기 암울했다. 뭔가 외톨이가 된 기분이었다. 내가 대접받길 원한 것도 아니었다. 하지만 뷔페 이용권 2장에 아무런 말도 할 수 없는 이 현실이 너무나 싫었다.

난 자리에서 벗어나 매장으로 복귀했다.

관리자들은 아무도 말을 꺼내지 않았다. 모두 알고 있었던 것이다.

그 후에 들은 얘기는 나를 점점 힘 빠지게 했다. 해당년도에 한 관리자의 급여가 많이 올랐다는 것이다. 그래서 내 월급은 변동이 없었던 것이구나.

갑자기 냉정한 생각이 들면서 이건 아니라는 판단이 세워졌다. 어차피 올려 받지 못하는 거 내가 굳이 스트레스 받아가며 열심히 일할 필요가 있나 싶어 실장님을 찾아갔다.

"실장님, 잠시 얘기 좀 할 수 있을까요?"

"어, 그래. 무슨 일인데?"

"저 이제 사무실 근무 안하고 싶습니다."

"어?…왜?"

"우선 사무실에서 스트레스 많이 받고요. 예전처럼 매장근무만 하게 해 주세요."

"어? 갑자기? 왜 무슨 일 있나?"

"아니요, 없어요. 조장들은 이번부터 조장수당 주던데 조장들을 사무실에 앉히시고요. 저는 일반사원이니 사원인 만큼 매장근무 돌려주세요."

"왜 그라노? 애들이 뭐라 하더나?"

"아니요, 그냥 예전처럼 돌려주세요."

"야, 나는 네가 그래도 매장근무하면 다리도 많이 아플 테고 사무실은 앉아서 일하고 하니까 다 너 생각해서 앉히는 건데 그걸 마다하노…."

"다리가 아파도 괜찮고요. 매장이 더 편합니다. 부탁드릴게요."

난 그 자리에서 일어나 매장으로 향했다.

더 이상 실장은 묻지 않았다.

솔직히 내가 있는 사실을 다 얘기하면 서로 불편함을 느껴 계속 일할 수 없을 것이다. 내 자신이 바보 같고 한심스러웠지만 원하는 대로 매장으로 돌아왔고 조장들이 사무실에 투입되었다. 조장들은 바뀐 근무지에 좋아하다가도 내가 겪은 스트레스를 똑같이 느꼈고, 내가 편하게 일한 줄만 알았던 직원들은 그게 아니란 걸

절실히 깨달았다.

　어디에서 일을 하든지 편한 곳은 없다. 다만 내가 최선을 다하고 열심히 해도 현실에선 인정받지 못하는 사람이란 걸 알게 되었을 때 바보같이 가만히 있다면 아무런 발전이 되지 않는다. 누가 날 알아주겠나?

　사람들은 참 이기적이다. 속으론 다들 똑같은 생각을 하고 있지만 입 밖으로 꺼내는 사람은 없다. 행여 잘못되어 그만두게 되면 자신들만 힘들어지게 되니까 말이다. 그럼 그만두면 되지 왜 계속 이 일을 했냐고 물어본다면 내가 자신감이 없었다고 답하고 싶다. 이곳을 박차고 나갈 에너지와 힘이 있어야 했는데 두려웠고 준비되지 않은 상태라 여기보다 더 좋은 조건의 직장을 구하기가 힘들었다.

　그러던 와중에도 주변에서 판매직 제의는 많이 받게 되었다. 애초부터 판매직을 해서 이만큼의 경력까지 있었다면 매니저의 직급을 얻으면서 돈도 훨씬 많이 벌었을 것이라 생각된다.

　하지만 그 길은 내 길이 아니었다. 나와 적성에 맞지 않은 직업이었다. 난 타이밍 적절하게 포스트를 바꾼 것을 후회 없는 선택이라 여기며 일하면서 점차 회사에 대한 기대감을 버리게 됐다. 기대감을 버리니 냉정함을 유지할 수 있었고 사람들 눈에 비치는 내 모습은 그냥 열심히 일하는 직원으로 보여졌다.

하지만 난 그 누구를 위해 희생되지도 않을 것이고 그 누구를 위해 일하지도 않을 것이었다. 내가 하루에 일하는 할당량만 채워갔고 회사에 문제를 일으키지 않는 선에서 일을 한 것으로 보면 된다.

그 후에도 본사직원들은 한 번씩 찾아와 우리 여직원들이 최고라며 치켜세우는 멘트를 하고 회식 때는 여사원들 많이 생각하고 있다며 위로를 해줬다. 나는 이 모든 게 가식적이고 입에 발린 소리라 여기며 싫은 티도 많이 내고 욕도 많이 했었다.

하지만 저 사람들에게 인정받을 수 없는 지금의 현실과 내 상황에서는 어쩔 도리가 없는 것이다.

일하면서 아쉬운 쪽은 항상 나이지 않는가? 월급을 받는 입장이기도 하고, 내가 준비되지 않았기에 숙이고 들어갈 수밖에 없는 것이다. 일을 하면서 서로가 서로를 속이고 이게 아닌 척 계산적으로 상대하며 감정을 숨긴 채 고객들에게 치이고 욕을 먹으면서 힘들게 일을 한 기억이 난다. 거기에다 같이 일하는 직원들과 사이까지 나빴다면 최악의 상황이 연출되었겠지만 다행히 마음이 맞는 직원들이 많았다.

어디를 가나 최악의 상황이래도 내가 버틸 수 있는 힘이 하나라도 있다면 그곳에선 버틸 수 있다. 회사에서 내가 버틸 수 있는 한 가지를 만들어 놓고 차근차근 준비해 나간다면 실수가 줄어든다. 이런 마음가짐으로 앞으로 한걸음씩 나아가다 보면 기회가 한번은 꼭 찾아온다.

난 그런 기회를 여러 번 놓친 것 같아 안타깝지만 글을 읽는 독자들은 그 기회를 놓치지 않길 바란다. 내가 회사에서 버틸 수 있는 힘을 가지고 실력을 키워 보다 나은 곳으로 이직할 기회가 찾아왔을 때 비로소 힘들게 버티며 살아 온 내 삶이 헛되지는 않았다는 것을 깨닫게 될 것이다.

공로상

일을 한지 4년차에 접어들던 무렵 나는 백화점에서 공로상을 받았다.

나보다 나이 많은 선배들과 관리자를 제치고 공로상을 받는다는 자체가 부담스럽기도 하고 내가 받을 상이 맞는 건지 뜬금없어 어안이 벙벙했다.

점장님에게 상장과 상금을 받고 보안실로 복귀하자 기다렸다는 듯이 실장은 말했다.

"문정아, 상 받았으면 박카스 사서 애들한테 좀 돌리고 해라."

그 말을 들은 나는 바로 약국에 가서 박카스를 두 박스 샀다.

직원들에게 박카스를 나눠주면서도 얼떨떨한 기분은 머릿속에서 떠나질 않았다.

내가 상을 받았다는 소식과 함께 일부 선배들은 불만을 표출했다.

"입사한지 한참 된 선배들도 못 받는 걸 쟤는 어떻게 받았답니까?"

"뭐 땜에 주는 건데?"

여기저기서 채찍질하듯 물어보는 말에 난 절로 한숨이 쉬어졌다.

날 추천한 건 실장님과 반장님이었는데 곰곰이 생각해보니 이유가 있었다. 결코 편치 않은 상인 것만은 확실한 것이다.

사건의 발단은 거슬러 올라가 몇 주 전이었다.

한참 시설물 소방점검과 보고체계로 관리자들과 사무실 직원들이 예민해져 있을 때였다.

사무실의 K대리가 있었다.

K는 보안실 관리자들에게 앞으로 비상상황 발생 시 문자로 보고 하는 걸 우선시 하라는 지시를 내린다. 문자는 인터넷으로 메신저 프로그램을 사용해서 보내는 것이었는데 문제는 돈이 들어간다는 점이었다. K는 문자 비용이 기껏해야 돈 몇 푼 한다고 알아서 해결하란 식이었고 아무도 개인 사비를 들여 문자를 보내길 원치 않아 했다. 지금은 카카오톡이 있어 아무 문제없는 일이지만 그 당시는 스마트 폰이 활성화된 시대가 아니었다.

다들 눈치만 보던 어느 날, 나는 사무실 근무를 보고 있었고 실장은 나에게 문자를 보내지 말라며 짜증 섞인 말을 하면서 보고하지 않아도 되니 놔두라 하였다. 난 실장의 지시에 따랐고 문자를 보내지 않았다.

며칠이 지나 매장순찰을 돌고 있는데 무전이 왔다.

"최문정 근무자, K대리가 전화 한 통 해달라고 하네."

난 급하게 매장에 있는 전화를 이용해 사무실로 전화를 했다.

"여보세요. 대리님, 문정인데요. 찾으셨다면서요?"

"어… 그래. 최문정씨. 저번에 내가 문자로 보고하라고 말하지 않았나?"

"네."

"그런데 왜 안 했어?"

순간 당황했다.

'실장이 하지 말라고 했는데 그대로 얘길 해야 하나? 얘기하면 실장이 욕 듣는 거 아닌가? 아… 어쩌지….'

우선 보안팀이 욕 들을 것 같아 난 결정을 내린다.

"네. 제가 깜빡한 것 같습니다. 죄송합니다."

순간 K는 전화상으로 소리를 질러댔다.

"뭐? 깜빡했어? 씨발, 짜증나게 하네. 내 말이 우스워? 우습냐고!!"

그 말을 들은 나는 내가 잘못 들은 줄 알았지만, 분명히 내 귀로 들리는 건 쌍욕이었다.

"네?!!"

아무 말도 못하고 어벙하게 있던 찰나에 전화는 일방적으로 끊어졌다.

난 끓어오르는 화를 참으며 실장에게 달려가 있는 그대로 사실을 얘기했다. 그렇게 말하면 실장이 대리에게 찾아가 사실 그대로 얘기하여 자기가 지시를 내린 것이라고 얘기할 줄 알았기 때문이다.

하지만 실장의 반응은 이상했다.

"미친 새끼 욕은 왜 하노?"

한마디 하더니 어디론가 사라져 버린 것이다.

결국 대리에게 진실은 전달되지 않았고 난 제대로 일을 하지 않은 직원이 되어버렸다.

바보가 된 기분이랄까? 갑자기 이런 생각이 들었다. 내가 왜 이런 쌍욕을 들어가며 일을 해야 하나? 내 잘못도 아닌데 총대를 나 혼자 메고 감당해야 되는 건가? 하지만 실장은 자기 아래 사원들을 보살피고 책임져야 되는 사람이 아니던가? 나의 기대치는 내려가 엄청난 실망감을 안겨 주었고 대리가 물어봤을 때 실장 지시로 그렇게 한 것이라고 말하지 않은 것을 뼈저리게 후회했다.

그 이후 난 변했다.

그래, 나도 이제 살아야겠다. 같은 팀이고 지랄이고 그런 거 없다. 여긴 이런 곳이다. 바보같이 당하지 말자.

그 일 이후로 실장과 공적인 말만 하며 말 한마디 섞지 않았다. 시간이 지나갈수록 관리자들은 내 눈치 보기에 급급했다.

알고 있을 것이다. 내 행동의 모든 원인을 말이다.

하지만 누구 하나 말을 꺼내지 않았고 잊혀져갔다. 관리자들도 그 일 이후로 나와의 거리감이 생기면서 상당히 불편하게 지냈을 것이라 생각이 든다. 당연히 눈치가 보였을 테고 그걸 수습하기에 어떠한 방법이 좋을 지를 고민한 것으로 보인다.

그러고 나서 갑자기 내가 공로상을 받게 된 것이다.

하지만 이것도 순탄치 않은 상황이었다.

상 받을 사람을 지목하는 과정에서 관리자들은 편이 두 팀으로 나누어졌었는데 나에게 주려고 하는 사람과 이런 상황을 아무 것도 모르는 상태에서 일방적인 통보를 받은 사람이 있었던 것이다. 통보를 받은 다른 관리자가 내가 받은 것에 대해 불만을 표출하였다. 다른 사원들에게 나에 대한 이미지는 좋지 않았고 자연스럽게 불편함의 몫은 고스란히 내가 감당해야 되는 일이었다.

아, 웃픈 현실이다. 욕을 먹은 대가치고는 크게 돌아온 건가? 어이가 없었지만 나는 굳이 그 상을 거절하지도 않았다.

상을 받은 뒤 실장은 나에게 이렇게 말했다.

"내가 너 적극적으로 추천했다. 나 때문에 상 받은 거다. 알겠지? 하하하하하하하하하하."

"네? 아, 네……."

이걸 고맙다고 해야 하나?

내가 상 받는걸 원치 않는 이들도 있는데 일방적인 결정에 이유 없는 욕을 듣고 있는 건 또 나인데 말이다.

"하하하하하하하하. 고맙네요. 하하하하하하하."

난 미친년처럼 웃어댔다. 주변에선 계속 다른 선배들이 수군거렸고 나를 깎아내리는 말이 오고갔다. 그러든지 말든지 나는 얼굴에 철판을 깔고 다녔다. 결국은 본인들이 해결하지 못했던 나와의 관계개선을 위해 이용한 것이 상을 주는 방법이었고 그렇게 된다면 자기들은 생색도 내면서 나도 기분이 좋아져 아무렇지 않게 관계회복이 될 것이라고 판단을 내린 것이었다.

하지만 그 뒤로 난 철저히 일의 정확성과 판단력을 구분하기 시작했고 쓸데없는 의리나 정에 이끌려 내가 이용당하지 않으리라 다짐하기에 이르렀다. 내가 받은 상의 이름은 정확히 말하면 공로상이 아닌 '욕받이 상'이 아니었나 싶다.

세상의 다양한 많고 많은 상 가운데 정말 공로가 큰 사람에게 주어지는 공로상이 있고, 받으면 안 될 사람에게 돌아가는 상, 받는 이유도 모른 채 그냥 주니까 받는 이들도 있다.

내 생애 첫 공로상, 아니 욕받이 상을 받게 한 실장님을 생각하면 황당하지만 내 인생 공부를 깨치게 해주었다. 그로인해 어떠한 일이 주어졌을 때 확실한 선을 긋고 책임전가를 하게 되었으며 일의 요령을 알게 해주어 감사한 일이 아닐 수 없다.

지금은 다른 일을 하며 또 다른 삶을 살고 계시지만 그분이 있었기에 또 한 번 내가 성장하는 발판이 생겨났다고 해도 무방할 것이다.

정~말 감사합니다.

신입사원의 사정

일하다 보면 '저 사람은 어떻게 들어왔지?', '누가 뽑았을까?' 하는 생각이 드는 사람이 있다.

좋은 의미라기보다 안 좋은 상황이 생길 때 주로 쓰는 말인데 예전에 Z라는 사원이 백화점에 입사했다. 겉으로 보면 문제가 될 것이 없었지만 함께 일을 하면서 점점 답답함이 밀려왔다. 일을 못하는 건 둘째 치고, 누군가 재밌는 얘기를 하거나 웃긴 말을 들으면 보통의 사람들은 그 자리에서 반응을 하지 않는가? 예를 들면 같이 크게 웃든지 '하하호호' 하면서 박수를 쳐준다든지 리액션을 하는 게 자연스러운 반면 Z는 그러질 못했다. 그 자리에서 웃지 않고 갑자기 바깥으로 나가 혼자 끽끽 거리면서 먼 산을 쳐다보고 웃는 것이다.

처음엔 뭐지? 그냥 그런가보다 했는데 점점 심해졌다. 의아한 모습에 다들 수군거리기 시작했다.

그러던 어느 날, 밥 먹을 시간이 되어 직원들과 밥을 먹고 있었다.

"큭큭… 커엉컹… 선배님 물어볼게 있습니다. 컹커엉컥…… 그게 뭐냐면 컹컥…"

'이게 무슨 소리지?'

일제히 Z를 바라보았고, 그는 코를 자꾸 들이 마시면서 말을 하는 습관이 있었다.

'하아……'

유독 밥을 먹을 때 Z의 소린 심해졌고, 우린 적잖이 당황했다.

'특이한 점이 많은 사람이로구나….'

Z가 화장실 간 사이 직원 한 명이 말했다.

"누가 뽑았노? 누가?"

우린 일제히 대답했다.

"누구겠노? 실장님이나 반장님이겠지."

"뭐 보고 뽑았다노?"

"글쎄… 저 모습을 보고 뽑진 않았을 것 같은데?"

갑자기 면접의 기준에 대해 직원들은 토론하기 시작했고 나도 너무나 궁금해지기 시작했다. 그래서 실장님을 찾아갔다.

"실장님."

"어, 왜?"

"저기, Z 있잖아요."

"어, 왜?"

"어떤 점을 보고 뽑았나요? 경력이 있습니까?"

"아, 저번에 병원에서 보안 일하다가 그만두고 백화점 지원했다고 하네. 그리고 집에 어머니랑 아버지가 어릴 때 이혼하시고 혼자서 많이 힘들었던 모양이더라. 불쌍하기도 하고 그래서 일해 보라했지. 여기선 정말 성실하게 일할 거라고 하더라."

"아… 그래요?"

"근데 저 사람도 힘들겠지만 우리가 힘들어 질라하는데요."

"왜?"

"아닙니다. 우선 잘 가르쳐 볼게요. 처음부터 잘하는 사람은 없으니까요."

"그래, 너희들이 잘 가르쳐 줘라. 모르는 거 많을 거고 잘 가르쳐 주면 잘할 거다."

"아, 네…."

그 후 몇 개월이 지났다.

기대했던 변화는 없었다. 몇 개월이 지났지만 Z는 여전히 버벅거렸고, 오픈과 폐점 순서를 아직도 헷갈려 했다. 그렇다보니 직원들도 지쳤고 화를 내는 상황이 자주 목격되었다.

"Z씨, 아니 지금 입사한지 몇 개월인데 아직도 헷갈려요? 모르겠어요? 수첩에 적혀있는 대로만 하면 문제될 게 하나 없는데 이해가 안 됩니까?"

"크응커억… 선배님, 아니 그게 저는 한다고 하는데 제가 뭐 커엉컥어… 그렇게 잘못된 겁니까?"

그 말을 들은 G는 폭발하였다.

"잘못된 거지. 이 새끼야!! 웃긴 놈이네. 모르면 물어보는 행동이라도 하던지. 초딩도 이만큼 했으면 알겠다. 졸라 답답한 새끼…."

G는 너무 화가 나 소릴 질렀고 Z는 원망의 눈초리를 하며 쳐다보았다.

그 일이 있고 얼마 지난 후 Z는 그만두게 된다. 퇴사의 원인은 부적응이었다.

퇴사를 하고 Z가 다시 보안실로 찾아왔다. 혼자가 아닌 두 명이었다. 어머님을 모시고 온 것이다. 모두들 당황하고 있을 때 무전이 들려왔다.

"G근무자 보안실로 이동하세요."

G사원은 영문을 모른 채 보안실로 향하였다. 때마침 습득물이 생겨 보안실로 가게 되었고 보안실의 분위기는 험악한 분위기로 연출되고 있었다.

실장이 중재를 위해 나섰다.

"G야, Z한테 사과해라."

"제가 왜 사과해야 합니까?"

G의 태도가 언짢은 듯 Z의 어머니가 말했다.

"이것 봐요. 당신이 우리아들한테 제일 뭐라고 많이 해댔다면서? 우리 아들이 얼마나 힘들어한 줄 알아요? 빨리 사과하세요! 당장!"

실장이 타이르듯 말했다.

"G야, 사과해."

그러자 G는 억울한 듯 답했다.

"아니, 제가 뭘 그렇게 잘못했습니까? 오히려 사과를 받아야 되는 쪽은 접니다. 일 못하는 Z때문에 힘든 건 우리였는데요."

그러자 Z의 어머니는 더욱 언성을 높이며 말했다.

"뭐요? 허… 진짜 웃기네. 이것 봐요. 이상한 핑계대지 말고 아들한테 사과해요. 당신이 사람들한테 우리 아들 이상하다고 막 떠벌리고 다닌 거 아냐? 아니냐고!!"

"저기요. 아줌마, 여기서 나한테 따지지 마시구요. 적응 못하는 당신 아들이나 교육 좀 똑바로 시키세요."

"뭐?? 뭐, 저런 놈이 다 있노!!"

G를 진정시키기 위해 실장이 말했다.

"G야, 가만히 좀 있어."

혼돈의 카오스를 만든 G는 열이 받아 보안실을 뛰쳐나갔다.

Z의 어머니는 화가 치솟아 실장한테 마구 퍼부었고, 실장은 3시간을 달래주며 얘기를 들어주었다. 실장도 지칠 때로 지친 상태에서 겨우 Z와 그의 어머니를 귀가시킬 수 있었다.

그들을 보낸 후 실장님은 G를 따로 불러내었다.

"G야, 그 상황에 그렇게 큰소릴 치면 어떡하냐?"

"아니, 실장님. 솔직히 딱 까놓고 말해서 저런 놈은 어딜 가나 적응 못합니다. 그나마 여기에 있었으니까 이만큼 한 거지. 다른 곳은 며칠 만에 잘렸을 겁니다."

"야, 그래도 그렇지…. 어머니한테 아들교육 똑바로 시키라고 하면 일을 더 크게 만드는 거지. 내가 그걸 수습한다고 식겁했다 이가."

"예…. 죄송합니다."

G가 Z어머니에게 말한 발언을 제3자가 들었을 경우 충분한 오해를 살만한 발언이긴 하다.

하지만 G가 그런 말까지 하게 된 원인에 여러 가지 이유가 포함되었을 것이다.

퇴사를 하고 다시 회사를 찾아 온 Z는 어머니를 데리고 왔다.

일반적인 상식에 성인이라면 상상도 할 수 없는 일이었다. 초등학생이 친구와 싸우고 엄마한테 모든 걸 말한 후 화가 나 엄마를 학교에 데리고 온 것과 다를 바가 무엇이겠는가. 혼자 해결하지 못해 가족에게 말하고 직장까지 찾아온 건 Z의 성격으로 보아 한두 번은 아닌 듯하다. 전 직장에서도 잦았던 퇴사의 이유는 이와 비슷한 문제로 동료들과 어울리지 못해 빨리 그만둔 게 아닐까?

  일은 그렇게 마무리 되었고 잘 넘어가나 싶었다. 그리곤 수개월이 흘렀다.

  휴무 날이었던 G는 여자 친구와 데이트를 하러 나갔다. 번화가 인지라 인파가 넘쳐났고 여자 친구와 즐거운 시간을 보내고 있는데 어디에서 많이 본 남자가 자길 계속 쳐다보고 있었다고 한다. 누군지 기억은 나지 않았지만 낯이 익어 쳐다보니 Z였다.

  그러더니 G앞에 다가와 큰소리로 말했다.

  "와 이게 얼마만이고? 오랜만이다. 잘 지내나?"

  Z의 느닷없는 반말과 자신감 넘치는 말투는 무언가를 잘못 먹은 건 아닌지 하는 의심이 들게 하였다.

  G가 어이없어 말했다.

  "뭐? 잘 지내나? 이게 미쳤나?"

  "와? 뭐 여기서 네가 우짤낀데? 여기가 아직도 백화점이가?"

  정말 어이없고 화가 난 G는 여자 친구에게 말했다.

  "잠깐 기다려봐. 내가 쟤랑 할 얘기가 있어서 얘기 좀 하고 올게."

여자 친구는 어리둥절한 표정을 지으며 알았다고 했다.

으슥한 골목길을 찾은 G는 Z에게 말했다.

"야 이 개새끼야 미쳤나? 이제 나갔다고 아래위로 보이는 게 없나 보네."

Z가 지지 않고 말한다.

"와? 씹새끼야. 아까처럼 쩔쩔매보지. 여자 친구 있다고 관리하나 보네. 캬하하하하하 찐따 새끼."

손이 부들부들 거리고 주먹이 쥐어지며 Z의 얼굴위로 올라온 G는 그 순간 여자 친구와 실장 얼굴이 머릿속을 스쳐 지나갔다.

'아… 그래. 참자… 저런 사이코패스 새끼들은 건드리면 나만 좆된다. 내 인생만 불쌍해 지는거… 그래… 참자.'

애써 감정조절을 한 G는 이내 말했다.

"야, 그냥 가라. 두 번 다시 내 눈에 띄면 그땐 네가 사회 활 못하는 거다."

Z는 미친놈처럼 웃어댔다.

"하하하하하하하하하하하하. 멍청한 새끼, 다음에 보자."

라며 말하고는 사라지는 Z를 보며 화가 나기보다 소름끼치는 무서움을 느꼈다 한다.

'와… 저런 놈이랑 같이 일을 했다니…' Z와 계속 일을 했으면 뭔가 사고라도 터졌을 거라 여긴 G는 그날의 Z의 모습을 잊지 못한다고 한다.

이야기를 들은 나도 황당하기 짝이 없었다. 사람을 뽑을 때 그 사람의 인성은 알 수 없다. 누구나가 그러지 않은가. 첫날 면접 땐 열심히 한다고 하고 최선을 다해 일하겠다고 한다. 하지만 속내는 아무도 모른다. 실장님도 그랬을 것이다. 다만 내가 생각해보건대 면접 땐 이성적인 관점에서 냉정하게 봐야 되지 않나 싶다.

가정환경도 중요한 일부분이다. 부모가 이혼한 상태로 외아들로 자랐다함은 무언가 자신도 모르는 애정결핍이 있을 수도 있고 오냐오냐 자랐을 가능성이 있다. 모든 자녀들이 그렇진 않다. 하지만 어릴 때 두 분의 사랑을 듬뿍 받고 자라도 모자랄 판에 이혼으로 인한 부모의 부재가 얼마나 클 것인가? 아무래도 성장과정에 하나의 문제는 생길 수 있다고 본다. 감정조절이 안된다든지 외로움을 많이 겪어 사랑을 갈구한다든지 하는 모습이 나타나는 경우가 있다. 그 부족한 부분을 한 분이라도 잘 메워 주고 아무 탈 없이 자란다면 더할 나위 없이 자랑스러운 집안의 아들이 되었을 것이다.

요즘 세상은 이런 경우가 너무나도 많다. 외동아들 딸 하나인 집안이 수두룩하고 부모들은 하나밖에 없는 아이들에게 최선을 다

한다. 그러다보면 나밖에 모르는 이기적인 면이 생길 수 있다. 하나 밖에 없는 자식에게 거는 기대치가 커지기 때문에 부모들도 자식에게 얽매이게 된다. 요즘 과외 학원은 아이들이 원하는 만큼 능력만 된다면 다 보내줄 수 있다. 돈이면 뭐든지 해결이 되는 세상이 아닌가.

하지만 공부보다 인성이 더 교육이 되었으면 하는 바람이 크다. 나밖에 모르는 환경이 주어지더라도 부모들과 많은 대화를 하고 더 많은 공감대를 이루고 시간을 할애하여 부모들도 아이들을 잘 보살펴 주었으면 한다.

'대학만 가면 끝이다. 그때 뭐든지 다 해라.' 우리나라는 이런 교육환경이 익숙하겠지만 그전에 조금은 부족해도 대화가 잘되는 집, 웃음이 끊이지 않는 집들이 자녀들의 인성을 바르게 잡아주고 좀 더 좋은 길로 나아갈 수 있게끔 북돋워 주는 분위기를 조성한다. 그러한 부모들을 보고 자란 자녀들이 결혼하면 똑같이 부모의 행동을 따라한다.

돈도 좋지만 아이들이 뭘 원하고 뭘 추구하는지 무슨 꿈을 꾸는지 어린 시절부터 많은 대화를 통해 서로 알아가는 환경이 되길 바래본다.

현실은 힘들겠지만 아이가 인성적으로 무엇인가 문제가 있을 때는 자기 자신을 돌아보고 어디서부터 잘못되었는지 생각을 하다

보면 답을 찾을 수 있을 것이다. 문제가 있는 아이들이 정신적으로 피폐해지면 우울증이 오고 우울증은 또 다른 문제를 일으켜 범죄로 발전이 되기도 한다.

가족의 구성원에서 소외되는 사람이 있다면 '네가 그러면 그렇지. 쟤는 누굴 닮아 저런가?' 하며 서로 남 탓을 하면서 부딪치고 싸울 것이 아니라 독립적으로 생활할 수 있게끔 도와주는 것이 올바른 선택이다.

독립이 힘들다면 같이 살되 상대방에게 자꾸 강요를 하지말길 바란다. 한번 어긋난 사이에 멀어진 세월이 크다면 억지로 붙인다고 해서 붙어지지 않는다. 부모와 자식 간의 사이라도 서로의 진짜 속내는 알 수 없다. 그 선을 침범하지 말고 지켜보되 때로는 그냥 응원을 해주는 것이 더 도움이 된다.

본인의 인생에 제3자가 들어가게 되면 결국은 제3자가 힘들어지는 법이다. 자식을 위한답시고 생각한답시고 행동하는 모습들이 본인에겐 독이 되어 돌아오고 무슨 일이 생길 때마다 그 아이는 결정하지 못해 제3자를 통해 해결하려는 기대심리에 본인의 주관은 사라지게 된다.

평생을 결정 장애로 살아가느냐. 인생을 끝까지 부모와 함께 할 수 없기에 혼자서 선택을 할 수 있게끔 옆에서 조언을 해 주는 것이 아이의 인생을 망치지 않는 지름길이다.

어느 대기업에선 면접을 볼 때 관상을 볼 줄 아는 사람과 같이 면접을 진행한다고 한다. 모든 직장이 그렇게 할 수 없는 여건이지만 한 사람을 뽑을 땐 그만큼 신중하게 뽑아야 된다. 어떤 사람이 들어오고 나가냐에 따라 나의 직장생활은 별 탈 없이 순조로워질수도 있고 심각하면 퇴사를 고려하는 상황까지 가게 될 터이니 말이다.

생일

백화점에 근무했을 때의 일이다.

사내에 방송실이 따로 있었고 오픈 전에는 매장 직원들의 신청곡이나 추천 곡으로 음악이 나오곤 했다. 방송을 듣다보면 직원들의 생일 사연도 많았는데 어느 매장에 누가 생일인지 매장의 모든 직원들이 알게 되는 일도 생기곤 했다.

특히 같이 일하는 보안 직원들이 생일 사연을 많이 올리면서 다른 직원들의 축하를 받는 일이 간혹 생겨 놀랐던 적도 있었다.

그러던 어느 날, 방송실은 본점의 통합방송으로 바뀌게 되면서 완전히 사라지게 되었다. 또 하나의 소소한 즐거움이 사라지게 되었지만 직원들은 아쉬워 할 시간도 없이 사람들은 바뀐 대로 적응을 하게 되었고 백화점에서는 부서별로 한 달에 한번 직원들의 생일을 챙겨주기 시작했다. 일일이 한명씩 챙겨주지 못해 그 달에 해당되는 직원들을 모두 불러내서 오전 조회시간에 다 같이 생일 케이크를 자르고 나눠먹으면서 축하를 해주는 것이다.

나는 그 장면을 목격하고 놀라우면서도 작은 희망이 있었다. 우리도 저렇게 축하받을 수 있겠구나. 하지만 내 예상은 철저히 빗나가게 된다. 보안, 주차, 미화는 용역업체로 분류되기 때문에 백화점에선 아무런 지원을 해줄 수가 없다고 말이다.

이유를 알게 된 나는 어이가 없었다. 우리는 여기 직원이 아닌가? 백화점에서 판매사원들만 챙겨준다고 하니 서러운 마음도 들었다. 생일 케이크를 받지 못해 서운하기보다 이게 웬 용역업체와 협력업체의 차별인가 하면서 말이다.

난 궁금한 마음에 보안실로 온 담당부서 대리님한테 슬쩍 물어보았고 대리님은 묵묵부답을 하다 똑같은 말을 반복하며 말했다.

"문정씨, 나한테 말하지 말구 본사에 말해서 챙겨달라고 해."

"네? 아…네…"

대리님의 귀찮은 듯 보이는 말투와 눈빛에 더 이상 말을 꺼낼 수 없었다.

아니… 내가 케이크가 먹고 싶어 이러는 줄 아나… 본사에 이런 얘길 어떻게 하나… 본사에 전화해서 '백화점에선 안 챙겨주니까 우리도 챙겨주세요!' 라고 말할 수 있을 거라고 생각을 하는 건가?

한마디로 이렇게 하나 저렇게 하나 챙겨주기 싫다는 소리로 들렸고 우리는 열외의 대상이라 생각이 들었다. 특히 직장생활을 하면서 내 생일이 다가오면 내색하진 못하지만 주변에서 몰라줘도 서럽고 괜찮다고 내 자신을 위로한들 혼자 외로운 마음이 드는 건 어쩔 수 없다.

물론 이런 직원복지가 없는 회사가 훨씬 많다. 백화점이라 좀 더 차별화 된 전략을 내세웠을 수도 있다. 하지만 이것도 시간이 지나니 언제 그랬냐는 듯이 사라졌고 점차 사람들의 기억 속에 잊혀져 갔다. 일회성으로 그런 건지 비용처리 때문에 그런 건지 이유는 알 수 없었다. 판매직원들은 모두가 달라진 상황을 익숙한 듯이 받아들이고 있었다. 때에 따라 변동사항이 많은 곳이라 이해하며 쉽게 넘어가는 것이다.

그렇다면 생일을 나와 같이 친하거나 가깝게 지내는 직원이 있다면 꼭 챙겨줘야 하는 것이 맞을까? 별일 아닌 문제 같지만 친한 사이가 있다면 자연스럽게 챙겨주는 상황이 발생한다.

나는 한동안 같이 일하는 가까운 직원들의 생일을 매번 챙긴 적이 있었다. 상대방이 기뻐하는 모습에 뿌듯하면서도 기분이 좋아졌다. 하지만 돌아오는 내 생일이 되자 직원들 중에는 챙겨주는 사람이 있는 반면 그냥 넘어가는 사람도 있었다. 예상하지 못한 사람에게 선물 하나라도 받게 되면 놀라면서도 고맙기도 하고 내가 먼저 챙겨준 것에 대한 보상 같은 느낌도 들었다. 대부분 아무렇지 않게 넘어가는 사람들을 보면 괜히 신경이 쓰이면서 기분이 좋지 않은 경우도 허다했다. 그러면서 머릿속으론 이런 생각을 한다.

'아… 저번에 나는 챙겨줬는데… 은근히 기분이 나쁘네… 괜히 챙겨줬다. 다음엔 나도 챙기지 말아야지.'

그렇게 생각하기 시작하면 둘 사이는 거리가 생겨버린다. 나는 자원봉사자가 아니고 기부천사도 아니기 때문이다.

백화점을 그만두고 다른 직장을 다니면서 생일날이 되면 자연스럽게 직원들이 단톡방에 생일 축하 메시지와 이모티콘을 띄웠다. 하지만 제일 난감했던 건 관리자들의 생일이 다가오면 어떻게 해야 하는지 다들 묵묵부답이 되곤 했다. 아는 척을 하게 되면 뭐 하나라도 챙겨줘야 할 것 같고 모르는 척을 하자니 같이 일할 때 불편하진 않을까 하는 잡생각이 많이 들었던 것이다.

그러던 어느 날, 관리자 B의 생일날이었지만 그 누구도 챙겨주지 못했다. 정말 몰라서 그랬을 것이라고 생각한다.

며칠이 지나 어떤 직원이 B에게 말을 했다.

"얼마 전에 생일 아니었으예?"

"어?!! 맞다. 지나버렸다."

"아… 어쩐지 깨톡을 보는데 지난 거 같더라구여. 진짜 생일이였네예…."

대화를 듣고 있던 나는 말했다.

"생일이셨어요? 몰랐네여. 우짭니까?"

얘길 들은 관리자가 말했다.

"우짜긴 뭘 우째? 이미 지나간 것을…."

씁쓸한 표정을 본 나는 말했다.

"다음에는 내 생일이다 하고 말을 하세요. 그래야 다른 사람들이 알죠. 왜 당당하게 말하지 못합니까? 오늘이 내 생일이다! 내 생일이라고!! 알겠지예? 여긴 말을 해야 압니다."

뻘쭘해 하는 B를 뒤로 하고 우리는 생각에 잠겼다.

'지났지만 얼마나 섭섭했겠노.'

'케이크라도 사줘야 되는 게 맞지 않을까?'

결국 직원들은 돈을 모았고 값나가는 케이크를 구매해 B에게 줬다.

케이크를 본 B는 깜짝 놀라며 말했다.

"뭘 또 이런 걸 샀노?"

난 놀라워 묻는 B에게 말했다.

"직원들끼리 다 같이 구매한 겁니다. 늦게 챙겨줘서 미안해요. 가족들이랑 맛있게 드세요."

관리자는 입꼬리가 올라가며 좋아하는 표정을 숨길 수 없었다.

가만히 생각해보면 B의 입장에서 봤을 때 자기 자존심도 있고 체면 때문에 생일이라고 본인의 입으로 말하지 못했을 것이다. 어떤 관리자가 직원들에게 자기 생일을 홍보하고 다닐 수 있을까? 어련히 알아서 챙겨주는 걸 바랄 것이다. 자존심과 체면 때문에 말하지 못하고 직원들이 센스가 없어 챙겨주지 않는다면 괜한 감정이 상하기도 하고 오해가 쌓이기도 한다.

제일 좋은 방법은 같은 부서의 모든 직원들의 생일을 챙겨주기 힘든 관계로 직원들은 친한 사람들끼리 따로 챙겨주되 관리자의 생일은 케이크라도 챙겨주는 것이 어떨까? 그렇게만 된다면 사내에 올바른 체계가 형성된다. 이렇게 해야 분란이 생기지 않고 관리자들도 직원들을 좀 더 신경 쓸 수가 있고 챙길 수가 있는 것이다.

빌린 돈 갚는 법

백화점에서 같이 일하는 직원 중에 D가 있었다.

D는 다른 부서의 J랑 애인사이였는데 사귄지 얼마 안 되어 둘은 동거생활을 하였다.

J는 주변에서 평판이 좋지 않은 여자였지만 D는 상관하지 않았다. 평판이 좋지 않았던 이유는 남자관계가 복잡했기 때문이다. 일하면서도 다른 남자들이 찾아와 선물을 주고 가는 등 미스터리하고 끼가 많은 J였다.

D는 모든 걸 무시했고 J를 정말 사랑했다.

그러던 어느 날, D는 야간 근무를 하고 있었고 한참 스마트 터치 폰이 나온 지 얼마 안 된 시점에 둘은 수시로 통화나 문자를 주고받았다.

그날도 D는 새벽에 J에게 전화를 걸었다.

"뭐해? 안자?"

"응… 이제 자야지… 오빠 피곤하겠네… 조금만 힘내, 자기야."

"응, 아라써."

러브러브한 대화가 오가면서 전화는 끊어졌다.

그러자 다시 J에게 전화가 걸려왔다. 아무렇지 않게 통화버튼을 누른 D는 충격적인 말을 듣고 그 자리에 그대로 얼어버렸다.

"응, 오빠. 아니, 여기여기. 어디? 여기야? 꺄르르르르르르르르 냐하하하하하"

수화기 너머로 웬 남자와 여자 친구의 대화가 들려오고 있었던 것이다. 그러다 갑자기 전화는 끊어졌다. 폭발한 D는 통화를 다시 하였지만 J는 받지 않았다. 제정신이 아닌 상태에서 일을 마치고 집으로 달려간 D는 J와 헤어지고 만다.

헤어진 상태에서 또 다른 문제점이 발생되었는데, 바로 J에게 빌려준 돈이 있었다는 것이다. 그 돈을 받기위해 J에게 연락을 해야만 했다.

하지만 J는 잠수를 타버렸고 연락이 되지 않았다. 그 당시 유행한 싸이월드(cyworld)로 메시지도 보내보고 별의별 방법을 썼지만 대화는 이루어지지 않았고 결국 J의 어머니에게 연락하기에 이른다. 자초지종을 들은 어머니는 미안하게 됐다며 딸에게 연락 해 보겠다며 얘기하였다.

　D는 망연자실했다. J의 어머니에게 들은 보험도 몇 가지 있었고 돈도 받아야 되고 악순환의 연속이었던 것이다. 겨우 겨우 연락이 닿은 J는 D에게 지금은 돈이 없다며 일단 반 정도만 갚고 나머진 차후에 주겠다고 했다.

　그러나 약속은 이루어 지지 않았다. J는 회사를 그만 둔 뒤 바 (bar)에서 일을 하였고 힘들게 연락이 되었다.

　D는 나머지를 어떻게 갚겠냐며 물었다.

　J가 말했다.

　"오빠, 정말 미안한데 더 이상 돈이 없어."

　"그래서? 못 준단 말이냐?"

　"아니… 그게 아니고… 그래서 말인데… 내가 오빠한테 제안을 하나 해도 될까?"

　"뭔데?"

　"내가 오빠랑 하룻밤 같이 보낼 때마다 빌린 돈의 20만원씩 차감해주면 안 돼?"

　"뭐?!!!!!!!!!"

　충격을 받은 D는 한동안 말을 하지 못했다.

하지만 가만히 생각해보면 이렇게라도 하지 않으면 돈을 받지 못할 거라는 생각이 스쳐 지나갔고 결국 그 어메이징한 제안을 받아드리기에 이른다. 솔직히 이해도 안 되거니와 이해해보려고 해도 이해할 수 없는 일이다.

내 주변에 이런 일이 있다니!!

세상에는 정말 다양한 사람들이 살고 있다. 이처럼 믿겨지지 않는 일이 벌어진다는 것 자체 또한 내가 받아들여야만 하는 현실이라는 것이 더 마음이 아프다.

사람이 무슨 죄가 있을까? 죄가 있다면 돈이 사람을 그렇게 만드는 게 아닐까 싶다.

인간극장

내가 백화점에 입사할 때 N이라는 선배가 있었다. N은 정말 재미있는 사람이었다. 성격이 유들유들하면서도 사람들을 즐겁게 해주고 평판이 좋았던 사람으로 기억한다.

그러던 어느 날, 나와 N 그리고 W라는 선배와 매장근무를 하게 되었다. 그 당시에도 로스범(물품을 계산하지 않고 가져가는 사람)으로 의심되는 사람들이 많았다. 지금은 함부로 사람을 의심할 수도 없고 잘못 응대했다가는 용역업체가 바뀔 수도 있는 중요한 사안이 되기도 하지만 예전엔 이렇게까지 엄격한 규정이 없었다. 그래서 로스범이 있다는 제보를 받으면 보안요원으로서 최선을 다해 감시하며 일을 했었다.

그 날은 행사기간이라 정신없이 고객들로 매장이 꽉 차 있었고, 난 밥을 먹고 매장으로 복귀하던 때였다. 갑자기 무전이 울려대며 시끄러웠다. 내용을 들어보니 식품매장에 로스범으로 추정되는 인물이 나타났고, W가 발견해서 N에게 밖으로 나가면 잡으라고 지시를 한 모양이었다.

원칙적으로는 처음 목격한 사람이 응대를 하는 게 맞는 일이었다. 하지만 W는 N을 시켰고, W가 선배이니 할 수 없던 N은 로스범 추정인물이 계산대를 지나치면서 지하철 입구로 가는 것을 기다리다 확인하고는 다가갔다.

"저기요."

"네?!!"

"잠시 확인 좀 하겠습니다."

"장바구니에 있는 물품 다 계산하셨습니까?"

"네? 이거요?"

"네, 계산 안 하셨죠?"

"했어요!!"

"그럼 영수증 있으세요?"

"영수증 있어. 있는데 찾아봐야 하는데….”

여기서 N은 계산이 안 된 물품이 있다는 걸 확신했을 것이다.

"저희가 확인을 해봐야 하니 저를 따라 오시겠습니까?"

"뭐요? 나 참… 계산했다니까!!"

N은 인상이 구겨진 아주머니를 데리고 직원들이 이동하는 통로로 안내했다.

장바구니 안에는 여러 가지 식품물품이 담겨져 있었다. 하지만 모든 물품이 다 계산되어 있었다.

큰일이다. 잘못 잡은 것이다.

아주머니는 확인이 끝나자마자 대성통곡을 하기 시작했다.

"아이고, 내가 억울해서 못 살겠다. 이거 뭔 깡패들이가? 나보고 이상한 의심이나 하고… 흐흐르흐흐흑…… 흑흑…"

N은 망연자실했다.

'이제 어떻게 수습을 해야 하나…'

아주머니는 지나가는 직원들을 향해 소리쳤다.

"아, 여기 좀 보소. 이놈들이 나더러 계산 안 했다고 밀치고 끌고 와서… 흐르르흑…… 내가 너무 억울하다. 억울하다고!!!!"

솔직하게 말하면 밀치지도 끌고 가지도 않았다.

하지만 갑자기 소리를 질러대고 흥분한 아주머니는 바닥에 드러눕기 시작했다.

"아!!!!!!! 으악!!!!!!! 내가 서러워서 못 살겠다."

N은 W를 바라보았다.

하지만 W는 남일 인거 마냥 아주머니에게 말했다.

"저희 직원이 잘못본 거 같습니다. 제가 교육을 잘 시키겠습니다."

아주머니는 말이 끝나기 무섭게 N을 노려보았다.

N은 정말 난감했다. 솔직히 말해 자기가 직접 본 것이 아니고 W가 시켜서 잡은 게 아닌가. 그런데 W의 행동은 마치 자기 잘못은 하나도 없는 것 마냥 N의 탓으로만 돌리고 있었다.

N은 잘못했다고 거듭 사과했지만 아주머니는 받아들이지 않았다.

"저 놈 보소!! 눈깔이 참 마음에 안 든다. 저게 무슨 사과하는 태도고? 안 그래? 아가씨?"

갑자기 아주머니는 나를 부르기 시작했다.

난 황당하면서도 우선 고객의 입장을 이해하기로 했다. 본인이 억울하게 당한 일은 사실이니 말이다.

"아가씨… 내가 너무 소리를 질렀드만 힘이 하나도 없다. 물 좀 가져다줄래?"

난 정수기에서 종이컵에 물을 받고는 아주머니를 드렸다.

갑자기 아주머니는 N의 얼굴을 향해 종이컵에 있던 물을 뿌려 버렸다.

"싸가지 없는 놈!! 저 눈이 참 마음에 안 드네. 지가 한 행동이 아직도 잘했다고 생각하는가 보지?"

너무 놀란 나는 아주머니를 말렸고 진정하시라며 타이르기 시작했다.

N은 정말 절망적이었다. 여러 가지 복합적인 마음이 들었을 것이다.

N은 고개를 숙인 채로 힘겹게 계속해서 이어 말하기 시작했다.

"죄송합니다."

하지만 아주머니의 발언은 멈추지 않았고 계속 소리를 질러대기 시작했다.

"여기 보소!! 이 깡패 같은 보안이 날 도둑년 취급하면서 매장에서 망신을 줬어."

N은 그 모습을 보고 얼굴이 빨개지기 시작했다.

우린 보안실로 아주머니를 데려가야 했다.

하지만 아주머니는 협조적이지 않았다.

"내가 왜 가야 되는데? 있어봐라. 너거 사람 잘못 건들었데이!!"

아주머니는 갑자기 누군가에게 전화를 하기 시작했다.

그 모습을 본 N은 W에게 너무 화가 났다.

W가 적극적으로 상황 설명을 하지도 않았고, 방관하는 자세로

끝까지 임했기 때문이다.

N은 참다못해 옆에 있는 자판기를 화풀이 하듯 있는 힘껏 발로 차버렸다. 그러자 일은 점점 커져버렸고 시간이 지나자 아주머니의 가족들이 사무실로 들어오기 시작했다.

가족들은 공분을 하며 흥분하기 시작했다.

"도대체 직원교육을 어떻게 시키는 겁니까? 여기는 이런 식으로 고객을 대하나 보죠?"

사무실은 아우성으로 가득 찼고 관리자들이 중간에서 계속 제지를 하고 중재를 했지만 나아지진 않았다. W와 N은 퇴근시간이 훨씬 지났지만 퇴근할 수 없었다.

결국 관리자들이 W와 N을 밖으로 불러내었다.

"무슨 상황을 이렇게 크게 만들었냐? 이제 어떻게 수습을 할 건데?"

"죄송합니다."

"어쩔 수 없다. 들어가서 W와 N은 고객한테 무릎 꿇고 잘못했다고 싹싹 빌어라."

W는 알겠다고 하며 들어갔지만 N은 생각이 달랐다.

"전 못하겠습니다."

"뭐?!!"

"솔직히 제 잘못도 아닙니다. W가 시켜서 한 거고 선배이기 때문에 지시에 따른 겁니다. 그런데 제가 무릎까지 꿇어야 합니까?"

N의 말을 들은 관리자는 폭발하였다.

"야!! 그럼 어쩔 건데? 너는 지금 이 상황이 보이지 않냐?"

N은 결심한 듯 이내 말했다.

"전 무릎 꿇기 이전에 이 회사 그만 두겠습니다. 죽어도 무릎은 꿇을 수 없습니다."

모두들 황당한 표정을 지었고 곧 N은 밖을 나가버렸다.

다음날이 되자 관리자들은 긴급회의를 했고 아주머니는 N을 절대로 용서할 수 없다며 가만히 있지 않겠다는 공표를 하기에 이른다.

N은 결국 회사를 그만두었다. 하지만 이 사건은 우리에게 굉장한 타격을 주었고, 아주머니는 정신적인 충격을 먹어 회사에 출근할 수 없으니 피해보상금과 위로금을 요구하였다. 몇 개월을 병원에 입원하면서 우리를 상대로 법적인 소송을 걸게 된다.

빨리 끝날 줄 알았던 소송기간은 몇 년을 끌었으며 그 이후로 로스범이 나타났다는 제보가 들어오면 우린 소심해질 수밖에 없었다. 확실한 경우일 때만 행동을 취할 수 있었던 것이다.

그 후에 N은 잠수를 탔으며 한동안 그 누구와도 연락을 하지 않았다.

회사에 대한 원망과 증오심이 자라나고 있었을 것이다. 아무도 자신의 편이 아니었다. 1차적인 책임은 결과를 따지기 이전에 우리의 잘못이 맞다. 하지만 그 이후에 N은 어떤 누구에게도 위로받을 수 없었다. 수많은 질책과 질타로 절망감을 느끼고 분노를 느끼고 억울함도 느꼈을 것이다. 그렇게 성격 좋고 매사에 긍정적이었던 N오빠는 자취를 감추고 시일이 지나 친하게 지냈었던 일부 직원들에게만 연락을 했다고 한다.

그 후로 몇 년이 지났다.

우연히 N과 나는 연락이 되었다. 난 궁금한 게 참 많았지만 지금 뭐하고 지내는지 물어보았다.

N은 서울에 있는 출판사로 취직을 했다고 한다. 학교 다닐 때 전공을 살려 디자인부서로 입사해 지금은 대리의 직급을 얻었다고 했다. 제법 이름 있는 출판사였고 난 잘된 일이라며 진심으로 축하해 주었다.

그 뒤에도 가끔씩 연락을 하고 지내다가 갑자기 연락이 끊기게 되었다.

몇 년이 흐르고 N과 만났다는 A오빠에게 N의 소식을 들을 수 있었다.

하지만 A오빠의 표정은 좋지 않았다.

"오빠, 잘 만났나? 왜 이렇게 표정이 안 좋노?"

"아, 아니다. 그냥 술 한 잔하고 헤어졌다."

"그런데 표정이 좋질 않은데? 무슨 일 있었나?"

"아니… 그게 아니라 사실은…"

"뭔데? 솔직하게 얘기해 봐."

"아… 괜히 만난 것 같다."

"왜?"

"바에서 만났거든. 몇 년 만에 만나는 거라 만나자마자 진짜 반가웠지. 그런데 사람이 변했드라."

"어떻게?"

"우선 예전의 N이 아니었다. 나더러 아직도 보안하고 있냐고 첫인사 때부터 무시하더라. 그래서 나는 장난이겠지 싶어가지고, '행님 내가 어디 갈 데가 있겠습니까?' 하면서 맞받아치면서 장난 쳤지. 그랬더니 N이 그러더라. '그래 거기 있는 놈들은 죄다 다른 데 못 갈 거라고. 발전도 없고 월급도 작게 주는데 굳이 갈 데도 없는 것들이 붙어있겠지.' 하면서 말하는데 이건 장난이 아닌 거라. 내가 순간적으로 이 행님한테 잘못한 게 있었나 하면서 돌아보게 되데. 그러고 나서 술을 마시는데 계산 할 때였어. '행님, 오랜만에 내려오셨으니 제가 대접할 게요' 하니까 N이 뿌리치며 말하드라. '됐다, 푼돈 안 받는다. 그리고 이거 얼마 한다고 니가 사노? 서울에서 돈 많이 벌었다. 이건 돈도 아니지. 내가 살게. 니는 아겠다가 돈이나 모아라.' 이런 말 듣는데 나는 이 행님이 안 본 사이에 많은 일들이 생겼나 싶더라고. 솔직히 말투도 기분 나빴고 사람 나갈 때까지 무시하데. 이제는 출판사일 접고 ○○상조 영업직 한다는데 내가 저번에 사람일 우째 될지 몰라서 행님한테 가입했었거든. 아… 진짜 계약취소하고 싶다. 내가 사람을 잘못 봤는갑다."

난 A오빠의 얘길 들으며 잠시 생각에 잠겼다.

뭔가 상당히 삐뚤어진 마음의 원인을 말이다. 문득 N오빠가 여기서 퇴사한 일이 떠올랐고 그 앙금이 아직도 풀리지 않은 것이라 생각했다. 그래서 오랜만에 만난 동생한테도 옛 직장에 근무한다는 것 자체도 N오빠에겐 힘들고 싫은 것이다. 그러니 자연스럽게 A에게도 그런 말투가 형성이 되지 않았나 싶다.

그 이후에 N의 소식은 아무도 알 수 없었다.

나는 곰곰이 생각을 해보았다. 그 당시 N에게 누군가 한명이라도 도움을 줄 수 있는 사람이 있었더라면 N은 달라질 수 있었을까? 하지만 어느 회사를 가더라도 문제가 생기면 수습하기에 급급하고 더 이상 피해가 가지 않게 조치를 취할 것이다.

선배였던 W도 제3자가 봤을 때는 잘못된 행동이었지만 자신에게도 피해가 갈까 두려워 더 이상 아무런 행동을 취하지 않았다.

관리자들도 회사를 살리기 위해 더 이상 도움을 줄 수 있는 일이 없었다. 그렇게 하지 않으면 본인들에게 책임이 따르기 때문이겠지.

결국 모두 다 자기 자신을 위해 책임을 지지 않아 비롯된 결과였다.

하지만 그 가운데 제일 상처를 받았던 건 N이다. 선배, 관리자, 회사조차 내 편이 하나도 없었다는 것, 그게 제일 큰 상처였을 테니 말이다.

내 입장에서도 모든 상황을 그냥 지켜볼 수밖에 없었다. 신입사원이었고 도와주고 싶어도 선뜻 나설 수가 없었던 것이다.

요즘 같은 시대였다면 억울한 일이 생겼으면 누군가가 스마트폰으로 영상을 찍고 인터넷으로 올리고 SNS를 이용하면서 적극적인 활동을 통해 알리려고 했을 것이다. 하지만 그때는 스마트 폰도 활성화 되지 않았고 이런 일이 발생하고 일어난다고 해도 그 모든 걸 밝히려는 사회적인 분위기가 형성되지 않았다.

어디를 가든지 갑과 을은 존재한다. 젊은 자녀들이 학교를 졸업하고 사회생활을 한다며 밖에 나가 겪는 고충들은 참으로 다양하다. 누구나가 N의 입장이 될 수도 있는 것이다. 자신이 속해 있는 회사의 구성원으로 체계에 맞게 행동해야 하는데 회사 내에서는 직급에 따라 사람을 상대하고 일을 하면서 참아야하는 여러 가지 상황들에 대처할 수 있는 방법을 가르쳐주고 일깨워 주는 사람을 만나기가 힘든 것이다.

혼자서 부딪히고 시행착오를 거쳐 적응단계가 되었다면 그 사이 또 다른 새로운 누군가가 치고 들어와 다시 한 번 적응단계를 거쳐야 한다. 괴로워서 그만두고 싶어도 그만둘 수 없는 회사에 근무하고 있다면 주변에 지인들이나 가족들에게 솔직하게 자기 마음을 표현해 보는 게 어떨까 싶다. 분명 다 말할 수 없는 이유가 있을지언정 그 누구보다도 힘든 건 나이다.

내 인생을 누군가가 대신 살아줄 수 없다. 솔직하게 현재 처해져 있는 환경과 나의 상태를 말해보고 주변 사람들과 상담을 해본다면 의외의 해답을 얻을 수 있다.

말을 하지 않으면 아무도 모른다. 말하지도 않으면서 상대가 알아주길 바란다면 잘못된 생각이다.

직장에서 나에게만 힘든 일과 좋지 않은 일이 연달아 일어난다는 건 과연 이곳이 나와 적성에 맞는 일인지 다시 한 번 생각해보라는 뜻이 될 수 있다. 반복적으로 발생하는 일을 참으면서 버티는 것이 최선이라고 단정 짓지 말았으면 한다.

다른 직장을 알아보는 것도 한 가지 방법이 될 수 있다.

물론 쉽지 않은 일이다. 대부분 생각은 그렇게 가질 수 있지만 현실적으로는 많은 사람들이 돈 때문에 갑자기 일을 그만두는 걸 망설이며 고민에 빠진다.

하지만 다시 한 번 깊게 생각을 해보자. 내가 죽을 것 같이 힘들고 괴로운데 끝까지 참는다는 건 미련한 행동이다.

참고 참다가 나중에 큰일이 생기고 나서야 그만둘 것을 후회하지만 그땐 이미 때가 늦었다. 자신의 일이 힘들다면 힘들다고 말을 해야 주변에서도 도움을 줄 수 있다. 시간이 걸리더라도 때로는 돌아가는 것이 내 길이 되기도 한다.

참는다고 능사가 아님을, 참는다고 주변사람들이 알아주는 것이 아님을, 정확하게 알고 행동해야 내 인생에서 후회가 남지 않는다.

베스트프렌드

나는 일하다가 다른 부서에 동갑내기인 친구 A를 만나게 되었다. 부서는 다르지만 성격도 잘 맞았고 빨리 친해져서 곧 친한 친구로 발전했다. 우리부서 직원들도 A를 알게 되었고 회식 때 같이 참석하면서 즐거운 시간을 보내곤 했었다. A는 일한 지 얼마 안 되어 팀 내 분위기에 적응하기 힘들어 했고 내가 해줄 수 있는 것이라곤 친구로서 얘길 잘 들어주고 용기를 주는 것 말곤 없었다.

시간이 흐르자 다행히도 A는 잘 적응할 수 있게 되었다.

그러던 어느 날, A에 관한 이상한 소문이 나기 시작한다.

주변 사람들이 웅성거렸고 그 소문은 나에게도 들리게 되었다. 우리 부서에 C라는 직원을 만난다는 것이었다. C는 유부남이었다. 난 이 소문이 사실인지 아닌지 혼란스러웠다.

'물어봐야 하나? 그냥 가만히 있어야 하나? 그럼 왜 나에게는 말 한마디 하지 않는 거지?'

알게 모를 배신감이 치솟았다. 나와 제일 친한 친구가 아니었던가… 그런데 만나는 사람이 왜 하필 C인가…

시간은 흘러갔고 괴상한 소문은 일파만파 퍼졌다.

난 A와 C가 만나는 것을 봤다는 목격자의 말을 듣고 이건 소문이 아니라는 걸 알 수 있었다.

A가 뭐가 아쉬워 유부남을 만난다는 것일까.

'하아….'

일하는 시간에 나는 A와 마주쳤고, A는 잠시 망설이더니 나에게 물었다.

"문정아."

"어?"

"마치고 커피 한 잔 할래?"

"오늘?"

"응."

"오늘은 안 되는데… 무슨 일인데?"

"아, 그래? 아니야. 다음에 니가 시간되면 커피 한 잔 하자."

난 A의 얘길 듣고 더 기분이 나빠졌다.

이미 모두가 아는 내용이고 나에게 어떻게 말을 하건 이미 늦은 것 같은데 만나도 별 의미가 없을 것이기 때문이다. 그렇다고 내가 먼저 말을 해주길 바라는 건가? 내가 무슨 말을 할 수 있을까?

'넌 내 친구가 맞냐? 왜 나한테 첫 번째로 말을 해주지 않았냐? 유부남을 왜 만나는 건데?'

설령 A가 내 질문에 대답을 다 한다고 해도 난 화가 날 것 같았다.

원래 주변에서 반대하는 만남이 더 불타오르고 너 아니면 안 되는 것처럼 죽을 것 같은 생각이 들기도 하며 내가 하면 로맨스 남이하면 불륜이 아니던가? 그렇다고 진심으로 축하해 줄 수도 없었다.

그냥 이래도 싫고 저래도 싫은 상황에 A와 C, 둘 다 꼴 보기 싫어졌다.

'이건 아니잖아…'

그 이후 A는 주변사람들의 곱지 않은 시선에 이상한 분위기를 느끼고 눈치를 보는 일이 잦아졌다. 이러려고 처음부터 나를 이용한 건가. 별의별 생각이 다 들었고 나의 주변 지인들은 내가 모든 걸 알고 있을 거라 생각을 하면서 난 둘을 연결시켜 준 사람이 된 것만 같았다.

그런 오해를 받는 자체가 짜증나는 일이었다. 난 회사 사람들과

C의 아들 돌잔치도 같이 갔었고 와이프도 몇 번 봤었다. 하지만 이 건 무슨 경우인가. 드라마 속 얘기가 아닌 현실이라니… 내 상식 으론 A와 C가 이해되지 않았고 용서되지 않았다.

소문은 퍼질 대로 퍼져 둘은 힘든 회사생활을 이어나갔지만 아무도 둘의 만남을 막지는 못했다.

결국 C는 이혼하였고 A를 선택하였다. 쉬쉬하던 사람들도 이젠 인정할 수밖에 없는 사이가 된 것이다.

시간이 지나 난 A와 술자리를 같이 하게 되었다.

"A야. 후회 안 하니?"

"응."

본인이 선택한 거니까 후회 없는 인생을 살아야겠지. 시작은 안 좋았지만 본인이 선택한 길 끝까지 최선을 다해 좋은 결실로 맺어 지길 바랐다.

하지만 몇 년 뒤에 들은 소식은 좋지 않았다. 사람의 본성은 변하지 않는다고 했던가. C는 또 다른 길을 선택했고 A는 자신만의 길을 가고 있다. 애초부터 잘못된 악연이었을까? 좀 더 나은 선택은 없었을까? 난 A의 친구가 맞긴 했을까?

지금 생각해보면 A와 난 친구라는 가정 하에 서로를 이용했던 사이였을 거란 생각도 든다. A는 직장에 적응하기 위한 그 누군가가 필요했을 테고 마침 내가 나타나 여러 가지로 힘든 상황을 버텨내며 적응을 했고 적응을 하니 눈에 보이는 게 C였다.

나의 입장에선 별다를 것 없는 하루와 무료하기만 했던 직장생활에 A가 나타남으로 인해 친구로서 마음도 잘 맞는 활력소 같은 존재로 생각했다. 그녀가 있었기에 심심하지가 않았고 일하는 시간이 빨리 갔다.

결국 겉포장은 친구인데 서로가 다 이유가 있는 관계였던 것이다.

이 일로 인해 느낀 것은 아무리 친한 친구라 할지라도 적당한 거리를 유지하면서 사귀어야 한다는 것이다. 나 같은 경우에는 친한 친구를 곁에 두지 않는다. 여러 명을 사귀면 사귀었지 절친은 곁에 없다. 그렇게 되면 내가 외로울 수도 있을 것이고 제일 친한 친구가 없다는 게 슬픈 현실이 될 수도 있다.

내가 이렇게 관계를 정리하게 된 것에는 이유가 있다.

우리는 살아가면서 정말 다양한 사람들을 만나게 된다. 학교를 다니면서 또는 사회생활을 하면서 친구라는 이름하에 서로에게 너무나도 많은 정보를 공유하며 쓸데없는 말을 하기도 하고 가족에겐 말할 수 없는 이야기를 친구에게 하면서 누군가에게 말하는 것 자체로 고민이 해결된 느낌을 받기도 한다.

하지만 이건 해결된 것이 아니었다. 그냥 내 일의 일부분을 함께 공유한 것이다.

친구라는 명목 하에 진심으로 걱정을 하며 도와주려는 이들이 있는 반면, 해결해 줄 생각은 없으면서 다른 사람들에게 떠벌리는 사람도 있다. 그러면서 다시 만나면 아닌 척 웃으며 이중성 쩌는 사람도 있는 것이다. 그런 걸 혼자의 힘으로 판별할 수 없다면 그냥 묵언수행 하는 편이 낫다.

내가 개인적으로 굉장히 힘이 들었을 때 아는 지인이 도와준 적이 있다. 친구도 아니었고 그렇게 친한 사이가 아님에도 불구하고 말이다. 때에 따라 나에게 도움을 줄 수 있는 사람이 의외의 만남에서 해결되는 경우도 있는 것이다.

친구에게는 불편해서 더욱 말하기 힘든 부분도 간혹 생긴다. 즐거운 일을 함께하며 어울리는 친구는 많지만 정작 힘들 때 내 곁에 남아있을 친구가 몇이나 될는지. 가족 외에 나의 본심을 털어 놓고 얘기할 수 있는 사람이 있다는 건 축복이다.

그런 사람을 찾기까지 얼마나 많은 시행착오를 겪었겠는가?

여기서 간과하지 말아야 될 것은 나의 모든 면을 상대에게 비춰 보이지 말고 진심어린 마음은 조금씩 숨겨가며 적당한 리액션을 취하는 게 사회생활을 잘하는 사람이라는 것이다. 가식적일지도 모르지만 사람들과의 유대관계를 위해 친절한 사람이 되어보는 것이다. 그렇게 지내다 보면 어느새 주변에 사람들이 넘쳐난다.

나의 좋은 이미지를 알아봐주고 찾아오게 만드는 것이다. 거기에서 좋은 인연을 찾으면 된다. 그때가 되면 친한 친구, 애인 또는 협력자를 만날 수 있다. 때가 되지 않을 때 택한 급한 선택은 악연을 만들고 후회하는 삶을 살게 되는 지름길이 된다. 올바른 선택과 집중은 사람 보는 눈을 키워주고 실수하지 않는 삶을 살게 한다.

야시

1

나와 같이 일했던 여직원들의 이야기이다.

백화점에서는 보안요원으로 여사원을 두 명만 고용하였는데 남자직원이 유달리 많은 이곳에서 여직원들끼리 마음만 잘 맞는다면 서로 의지하며 잘 지낼 수 있는 관계였다.

A라는 여직원이 입사하였다. 나이는 어렸지만 당찬 말투와 당당한 행동이 기억에 남는 직원 이었다. 하지만 점점 일을 하면서 당황스러운 일들이 일어나기 시작했다. 매장에서 절뚝거리며 신발을 꺾어 신고 다녔고, 이는 보안실까지 얘기가 퍼지게 되었다.

난 정확한 확인을 위해 A에게 무전연락을 하였다.

"A 근무자, 에스컬레이터 상행선으로 이동하세요."

"네, 양호."

신발을 질질 끌며 다가온 A를 보며 말했다.

"발이 어디 아파요?"

"네."

"발뒤꿈치가 까졌어요?"

"네."

"그래서 꺾어 신고 다니는 거예요?"

"네."

"그래도 매장에선 이렇게 다니면 안돼요. 좀 더 편한 신발 없어요?"

"없는데요."

단호박처럼 단답형으로만 말하는 게 석연찮게 생각이 들기도 했고 또 당장 신을 것이 없다고 하니 난감했다. 유니폼이 바지라 그나마 다행이었다.

상황확인 후 실장님께 얘기를 했다.

"실장님, A 신발이 조금 불편한 거 같은데 새로 살 때까지 어쩔 수 없이 저렇게 다녀야 될 것 같은데요."

"어? 신발? 그게 아니다."

"예? 뭐가요?"

"A가 너한테 말 안 하드나?"

"허벅지에 무슨 바이러스가 생겨서 걸을 때 마다 쓸려서 아프다 네. 그래서 걸음걸이가 좀 이상하단다."

"네?!!"

난 이상했다.

'분명 발이 아프다 했는데 웬 허벅지? 실장님한테는 말할 수 있 고 나에게는 말하기 불편한가?'

여러 가지 생각이 들었지만 재차 묻기는 싫었다.

어색한 관계가 계속 되었고 시간은 흘러 밸런타인데이가 다가왔 다.

나는 전날 집에서 남직원들에게 초콜릿을 나눠주려고 포장을 하 였고 다음날 아침 조회시간이 되자 직원들에게 하나씩 나눠주기 시작했다. 물론 A에게도 주었다. 하지만 A의 표정은 좋지 않았다. 대수롭지 않게 여겼지만 난 개의치 않았다.

그러던 어느 날, A가 그만두겠다고 통보를 했다. 퇴사이유는 이 직이었고 여기보다 조건이 더 좋은 직장으로 옮긴다고 하였다.

마침내 A의 마지막 근무 날이 되었고 나에게 이상한 소리가 들 려왔다.

"문정아, A가 지하매장에서 울고 있다는데?"

"어? 왜??"

"몰라, 가 봐봐."

난 급하게 내려갔지만 A의 모습은 보이지 않았다.

매장을 돌고 있는데 판매직원이 날 불러 세웠다.

"문정씨."

"네?"

"그 A직원 무슨 일 있어요?"

"아니요. 왜요?"

"아니… 아까 매장 돌아다니면서 대성통곡을 하고 있더라고요."

"네?!! 매장 안에서요?"

"네. 막 울고 있길래 여기 직원들이 물어 봤죠. 왜 우냐고… 그 랬더니 난 그만두기 싫은데 보안직원들이 나가라고 한다면서 억 울하다고 막 그러던데요. 무슨 일 있는 거 아니에요?"

난 어이가 없었다. 자기가 스스로 나간다고 해놓고 우리가 나가 라고 했다니? 궁금한 점이 많았지만 마지막 날이고 어차피 나갈 사람인데 왜 그러냐고 물어본들 무슨 소용인가 싶었다.

그렇게 A는 퇴사한다.

하지만 이게 끝이 아니었다. 시간이 지나 더 충격적인 얘기를 듣 게 되었다.

다른 남사원이 나를 불렀다.

"혹시 A랑 예전에 사이가 안 좋았나?"

"왜? 그렇게 좋지도 않았고 나쁘지도 않았는데?"

"아니, 아니다⋯."

"뭔데? 왜 말을 하려다가 안 하노?"

"아니, 이미 끝난 일인데 굳이 말할 필요가 있을까 해서⋯"

"아, 뭔데? 말 끝까지 해라. 이런 거 진짜 싫어하거든."

"알았다. 얘기할게. 니 예전에 밸런타인데이에 있잖아."

"그때 아침에 초콜릿 나눠줬다이가."

"그날이었어. 내가 점심 먹고 니가 준 초콜릿이 생각나서 뜯어서 먹고 있는데 위에서 '착~'하면서 뭐가 땅에 뿌려지는 소리가 들리는 거라. 그래서 이게 무슨 소리지 했는데 갑자기 쿵쿵거리더니 욕하는 소리가 들리더라고. 난 이게 뭔가 해서 위층에 올라갔지. 문을 열었는데 A가 니가 준 초콜릿을 바닥에 뿌려놓고 지근지근 발로 밟고 있더라. 내가 물었지 너 뭐하고 있냐고 그랬더니 갑자기 막 웃으면서 A가 말하더라. '하하하.. 초콜릿이 떨어져서 줍고 있었어요.' 하는데 난 A말을 듣고 소름이 돋더라. 그 순간 너무 놀래서 그냥 나왔다."

이야기를 다 들은 나는 어이가 없어 말이 나오지 않았다.

황당해 하던 나는 직원에게 물었다.

"근데 이 얘기를 그때 안하고 왜 지금 하는데?"

"야, 그때 얘기했어봐라. 둘이 싸우고 난리가 났을 거 아니가. 그래서 나는 말 못하겠더라."

"아, 맞나…"

"이제야 나간 애를 붙잡고 뭐라 할 수도 없다이가."

"다음부터는 나한테 얘길 바로 해주든지 찜찜하면 말을 전달하지 마라."

대화가 끝난 후 생각에 잠겼다.

A가 날 그렇게 싫어했을 만한 이유가 무엇인가. 그 당시에 A와 나는 나이도 비슷했고 경쟁과 비슷한 라이벌 관계라고 생각할 수 있었다.

하지만 이런 일을 겪고 나면 도대체 어떻게 대처를 해야 하는지 막막했다. 대처라고 해봤자 당사자에게 직접 물어 볼 테고 감정이 상하는 일이 생기면 서로 싸우는 것 밖에 없었다. 어린 나이에 내가 생각할 수 있는 한계였던 것이다.

지금 생각해 보건대 일하면서 둘이서 대화를 많이 나누고 친했더라면 이런 결과가 생기지 않았을 것 같았다. 기분은 나쁘지만 A가 그렇게 생각하기까지의 원인을 나도 찾으려 했다면 해답도 빨리 찾았을 텐데 하는 아쉬운 마음이 든다.

나는 나대로 A는 A대로 각자 생활을 하다 보니 여러 가지로 소통되지 않았던 것이 A에게는 불만이 되어 나를 원망했던 것이 아닐까? 서로의 속마음을 모르는 상태에서 A에게도 나름의 이유가 있었다고 생각한다.

같은 여자이기 이전에 같이 일하는 동료로써 내가 도와줄 수 있는 부분이 있었다면 좀 더 좋았을 것이라는 아쉬움이 든다.

2

B의 관한 이야기이다.

B는 같이 일하고 있던 남직원 소개로 일하게 되었다. 굉장히 마른 체형을 보고 '과연 일을 할 수는 있을까?' 하는 의문점이 들었지만 사람을 겉모습만 보고 사람을 판단할 수는 없었다. B는 처음에 나와 그렇게 친하진 않았다. 어차피 다른 직원의 소개로 왔으니 적응하기 전에 잘 아는 남직원과 지내면서 불편한 점은 없었으리라 생각한다.

그러던 어느 날, B는 눈치를 보며 실장한테만 모든 일을 말하기 시작했고 실장은 나에게 B의 건의사항을 말하곤 했다.

'이게 무슨 상황이지? 왜 여기 들어오는 여사원들은 하나같이 나에게 말을 하지 않는 것인가?'

아마도 B는 실장에게만 말을 하면 뭐든지 해결될 것이라는 믿음이 있었던 것이다.

하지만 현실은 그렇게 달라지진 않았다.

B는 눈치가 굉장히 빠른 직원이었다.

실장에게 한두 번 말을 해도 달라지지 않자 내 눈치를 살폈고 어느새 나에게 먼저 다가오더니 실장에게만 말했던 사항을 우선적으로 나에게 말하기 시작했다. 선배들의 비위를 잘 맞춰주던 B는 나에게 잘했고 당연히 나도 그런 B를 잘 챙겨 주었다. 오랜만에 괜찮은 직원이 들어온 것이라 여길 정도였으니까 말이다.

친해진 이후에 B는 개인적인 사생활에 대해 말을 하게 되었는데 얘길 들은 나는 놀라움을 감출 수 없었다. 혼자 자취를 하면서 월급이 나오면 모든 생활비를 충당하며 남은 돈은 저축을 하여 일찍이 독립을 해서 부모에게 기대지 않는다고 했다.

어린 나이에 독립해서 그렇게 산다는 것 자체가 대견하기도 하고 혼자 잘 버틴다는 게 칭찬해주고 싶은 면이 컸다. 일을 할 동안 B는 완벽히 적응을 하면서 일을 했고 돈을 많이 벌어야 했던 B는 그에 맞는 직장을 선택하여 옮기게 된다.

어린 나이지만 눈치가 빨랐고 대처하는 방법을 잘 알았던 B는 나와 같이 일한 여사원 중에 내가 배워야 할 점이 있었던 유일한 사원이었다.

3

C의 관한 이야기이다.

보안일이 처음이라던 C는 여성스러운 몸매의 소유자로 남직원들과도 잘 어울리는 화통한 성격이었다.

그러던 어느 날, 남직원들이 한명씩 나에게 말을 하기 시작했다.

"선배님, C요… 좀 이상합니다."

"왜? 무슨 일인데?"

"저번에 신입이 그러는데… 교육을 받으면 C가 자꾸 신입한테 몸을 기대면서 가리킨다고 하는데요."

"그게 무슨 말인데? 몸을 어떻게 기댄다고?"

"그러니까 우리가 매장에서 교육할 때 같이 서서 걸어가면서 교육하잖아요. 그때 C가 자꾸 몸을 기대면서 일부러 부딪친다길래 착각인가 싶어서 신입이 대리석 바닥을 봤대요. 그어진 선 따라 가고 있는데 어느 샌가 그 선이 기울면서 대각선으로 걷고 있다는 거예요. 그 순간 너무 불쾌하고 이 여자가 왜 이러나 싶었대요."

"어? 맞나?"

"몸이 힘들어서 신입한테 잠시 기댔나보네. ㅎㅎㅎㅎㅎㅎ"

"그러게요, 많이 힘든가? ㅋㅋㅋㅋㅋㅋ"

우리는 웃어대며 대수롭지 않게 생각하여 지나갔지만 이게 끝이 아니었다.

며칠 뒤 다른 남직원이 나에게 말했다.

"선배님, 아 진짜 미치겠습니다."

"왜?"

"그게 아니라… C직원이요. 저한테 악감정 있는 것 같습니다."

"그건 또 무슨 소리고?"

"제가 쉬고 있는데 갑자기 들어 왔어요. 그래서 자기도 옆에서 게임을 하던데 갑자기 나한테 달라붙어서 게임을 가르쳐주면서 스킨십을 하는 거예요. 그래서 짜증나가지고 난 여자 친구도 있는 사람인데 너무 붙는 거 아니냐고 좀 떨어지라 했거든요. 그랬더니 그 다음날부터 계속 일시키고 감시하고 트집 잡아요. 미치겠어요."

나는 이런 상황이 황당할 따름이었다.

"일단 무슨 말인지 알겠다."

밥 먹는 시간에 C를 만나게 되었다.

C는 내가 말하기 이전에 자기 마음에 들지 않는 남 사원들의 욕을 하기 시작했다.

"언니, 진짜 D는 실장님한테 말을 하든지 조장님한테 말해서 일을 제대로 하라고 해야겠어요. 진짜 내가 답답해서 죽을 것 같아요."

"왜? 일을 못하나?"

"네, 언니. 정말 짜증나요. 개랑 일하면 하루 종일 스트레스 받아요."

순간적으로 난 생각했다.

서로의 말이 달랐다.

내가 말을 잘못 전달하면 싸움박질 할 게 뻔했고 최근에 들은 모든 일을 C에게 물어보는 것도 웃길 것 같았다.

'뭐라고 물어보지? 많이 외롭냐? 왜 자꾸 남직원들한테 찝쩍거리노?'

이렇게 묻는 것도 웃긴데 물어보면 당연히 그렇다고 할 것도 아닐 것이고 참 난감하였다.

고민의 끝에 실장님을 찾아갔다.

"실장님."

"왜?"

"C말인데요. 남 사원들이 하소연 하는 일이 좀 있어서요."

"뭔데?"

궁금해 하는 실장님에게 난 있었던 일들을 말했고 실장님은 대수롭지 않게 여기며 말했다.

"알았다. 근데 사실이면 C는 지가 신호를 보냈는데 다들 안 받아주니까 지 혼자 난리치는 거고⋯ 사실이 아닌 거면 머스마들이 왜 그런 말을 지어서 할끼고? 희한하네. 희한해."

"그렇지요. 이 집구석 왜 이랍니까? 여기서 나만 정상이네. 정상

이야."

"아니, 니가 제일 비정상이다. ㅋㅋㅋㅋㅋㅋㅋㅋㅋㅋㅋㅋㅋ"

실장님과 난 보안실이 떠나가도록 웃어댔다.

그날 이후 C는 잠잠해져 갔고 더 이상 소문은 들리지 않아 모든 일이 제대로 돌아가나 싶던 어느 날이었다. 우리는 주간고정조가 있는데 나와 C, 그리고 실장님이었고 들어온 지 얼마 되지 않는 신입이 우리와 같은 조로 활동하곤 했었다. E반장님이 있었는데 결혼하고 예쁜 딸아이를 낳았고 곧 아기가 100일이 될 무렵이었다. E반장님에게 '1004'라는 이름의 택배가 도착한다. 누가 보냈는지 주소도 없고 '1004'라는 이름만 있어 모두들 궁금해 하고 있었다.

택배를 뜯어보니 예쁜 아기 옷이 들어있었다. 도대체 누가 보냈을까? 모두들 의아해 하고 있었는데 범인은 바로 주간고정조로 있는 C와 신입 두 명이었다.

100일이 되어 깜짝 선물을 한 것이다. E반장은 뜻밖의 선물에 놀라면서도 좋아했다. 그런데 나는 기분이 좋질 않았다. 나도 같은 주간고정조이지 않은가? 그런데 왜 나에게는 일말의 말도 없이 자기들끼리 선물을 사고 나만 센스 없는 직원이 되어버린 것이다.

끓어오르는 감정을 참으며 무전을 했다.

"C근무자 보안실로 전화한통 해주세요. 양호~"

곧이어 전화가 걸려와 받았다.

"여보세요."

"네, 언니."

들뜬 목소리가 전화기에 울려 퍼졌다.

"C야, 조장님한테 택배 보냈나?"

"네, 언니. 애기 옷 이쁘죠? 우리가 고르느라 신경 좀 썼어요."

"그래? 누구랑 가서 봤는데? 음… 우리 주간고정조 사람들이죠."

"뭐… 우리 주간고정조 사람들?"

"네….."

그 말을 듣자마자 난 폭발하고야 말았다.

"C야!! 이런 일이 있으면 나한테도 같이 말해서 선물을 고르자고 해야 되는 게 맞는 거 아닌가?"

"네?!! 아니 저는 그냥 돈쓰는 일이고 언니 부담스럽게 생각할까봐 말 안한 건데요?"

"그건 아니지… 신입들은 들어온 지 얼마나 됐다고 돈을 쓰겠노? 앞뒤 말이 안 맞잖아? 니가 주동해서 신입직원들과 선물을 고르면서 비밀이랍시고 나한테만 말을 안 한건 나만 이상한 사람 만드는 거 아닌가? 내가 선물을 사던 안 사던 먼저 물어 보는 게 맞는 거 같은데? 니가 입장을 바꿔 생각해봐. 내가 잘못 생각하는 건가?"

"아… 네….'

"언니, 생각을 먼저 못했네요. 죄송해요."

"알겠다."

난 전화를 끊었고, 이 모습을 지켜보던 E반장은 민망한 듯 안절부절 못했다.

"문정아, 나도 이 선물 부담스럽다. 애들이 말도 안하고 준비했나보네. 신경 쓰지 마라."

"아니, 내가 화내는 이유가 다른 게 아니라 같은 주간고정조인데 말 한마디 없이 자기들끼리 결정하고 행동하고 그러면 내 입장이 뭐가 되노? 오빠 볼 낯이 없다. 미안하네."

"아니다. 니가 뭐가 미안하노? 됐다. 니 기분이나 풀어라."

난 보안실을 빠져나왔고 곰곰이 생각했다.

E반장이 없을 때 따로 C를 불러 얘기할 수도 있었지만 그렇게 되면 분명히 E반장이 나에 대한 오해를 할 것 같았다. 솔직히 누가 봐도 주간고정조에서 나 혼자 빠진다는 건 챙겨주기 싫어 일부러 빠진 것 같은 그림이 연출되기 때문이었다. 오해받기도 싫고 오해하기도 싫어 일부러 보는 앞에서 더 큰소리로 질러댔던 것이다.

그 뒤로 C는 내 눈치만 보기 급급했고 난 이후에 예쁜 아기용품을 구매해 E에게 주었다.

"뭐 또 이런 걸 준비했노? 안줘도 되는데….”

민망한듯 머쓱해하는 E의 모습을 보며 말했다.

"아니다. 챙겨주는 게 맞는 거지. 조금 늦었네. 공주님 예쁘게 자라길 기도할게.”

"어, 그래. 고맙다. 와이프가 좋아할 거야.”

민망하지만 선물을 받은 E의 모습은 그 어느 때 보다도 환해 보였다.

그렇다. 이렇게 해야 사회생활을 바르게 하는 것이지. 아무것도 아닌 일 같지만 별거 아닌 일에 사람들은 오해를 하기도 하고 화를 내기도 한다. 어떻게 보면 윗사람에게 잘 보이려는 아부라고 보여 질 수도 있다. 맞는 말이다.

하지만 아부도 때가 있고 여러 가지 방법이 있기 마련인데 그 때를 놓쳐버리면 사람들과의 인간관계도 유지시키기 어렵게 된다. 겉으로는 괜찮아 하는 것 같아도 괜찮지 않다. 이 일로 C는 나에게 완전히 찍혔다. 야시 같은 년이라고 내 마음속의 저장이 된 것이다.

그 이후에도 수많은 남직원들과의 염문을 내고 나에게는 아무 일도 없었던 것처럼 행동하는 일에 당황스러운 적이 한두 번이 아니었지만 나름대로 자신만의 어떠한 트라우마가 있다고 생각하여 이해되지 않는 점도 이해하려고 노력했다.

그러다 갑자기 쉬고 있는 나에게 다가와 냄새나는 발을 붙잡고 뜬금없이 마사지해주질 않나, 현모양처가 꿈이라며 집에서 인터넷을 보고 만든 반찬을 싸와 직원들에게 먹이며 뿌듯해하는 모습에 직원들은 직원식당에 좋은 반찬이 나오는데 굳이 저러는 이유가 무엇인지 몰랐지만 겉으로만 봤을 땐 남들이 보기에도 전혀 문제 있는 모습들이 아니라고 여겨졌다.

하지만 어떤 날이 되면 감정의 기복이 생기며 갑자기 욕을 하며 큰소리로 사람들과 싸우고 자신의 감정을 억제하지 못해 어쩔 줄을 몰라 하는 모습엔 당황스럽기 짝이 없었다. 모든 일에는 원인이 있듯이 그 이유가 사람들에게 자신의 존재를 알리고 늘 관심 받고 싶어 해서 생겨 난 일이란 것을 알 때쯤엔 내가 이 회사를 나가게 된다.

내가 그만두고 C는 평생을 이곳에서 일할 것처럼 보였으나 적응하지 못하고 1년 뒤에 그만두게 되었다.

회사생활을 하면 별의별 사람들을 다 만나게 된다. 상식적으로 이해되지 않는 사람들도 있고 내가 좀 더 배워야 할 것을 갖춘 사람들도 있다. 좋은 사람만 만나고 배우고 싶은 사람들만 곁에 두고 싶지만 그렇게 되면 조금은 나와 남다른 유형의 사람들을 과연 알 수가 있었을까? 아무것도 모르는 상태에서 그런 사람들을 만나게 되었다면 충격으로 인해 멘탈이 부서져 상처를 받으며 다녔을 것이란 생각이 든다.

뭐든지 경험을 해봐야 내가 깨닫고 대처를 할 수 있는 지혜가 생기는 것이지 아무런 경험을 하지 못하면 아무리 돈이 많아도 사람들의 관한 지식이 없기 때문에 사기를 당하던 실수로 인해 돈도 끝까지 지니지 못하고 모두 다 털려버렸을 것이다.

나에게는 제일 중요한 돈이 없지만 그 대신 여러 가지 지식을 많이 습득하여 갖추게 되면서 지식으로 인한 여러 사람들의 이야기와 살아가는 방법을 알게 되었다. 세상은 공평하다고 생각한다. 돈이 많은 자가 인성과 지식까지 고루 갖추었다면 이런 사람들이 얼마나 존재할 것인가? 돈도 많고 지식도 많이 갖춘 사람은 이 세상에 드러나는 삶을 살고 있지는 않을 것이다. 드러나지는 않지만 사회 곳곳에서 많은 일을 하며 사람들에게 도움이 되는 삶을 살 것이다.

나도 그런 사람이 되어 올바른 인생을 살고 싶다. 나의 작은 지식이라 할지라도 그로인해 많은 사람들에게 전달되어 그 사람들이 조금이나마 살아가는데 도움이 되었으면 한다.

커피 배틀

난 커피를 참 좋아한다.

내가 초등학교 때 어머니께서 작가활동과 함께 커피숍을 운영하신 적 있다. 그때부터 어머니는 커피내리는 기술자가 되셨다. 어릴 때는 커피 맛이 뭔지 그냥 다들 마시니까 먹었던 것이었다면 이젠 정말 좋아하게 됐다.

우리 집은 아침이 되면 어머니가 원두커피를 내리는 것으로 하루를 시작한다. 갓 내린 원두는 향이 참 좋다. 한잔하면서 여자 셋이서 간밤에 꿨던 꿈 얘기를 한다.

그런 습관이 오래 베여있는지라 아침 일찍 커피를 마시지 않고 출근하는 날이 되면 편의점에서 커피를 사서 마시는 걸로 대체를 하게 됐다. 마시고 나면 입안은 좀 텁텁하지만 몸의 긴장이 풀어지는 느낌에 하루가 상쾌하다. 마시지 못하면 뭔가 안한 것 같고 잊어버린 것 같고 찝찝한 기분이 들어 컨디션도 좋지 않다.

이런 생활 패턴은 나와 같이 일하는 회사동료들한테도 영향을
끼치기 시작했다. 혼자 사 먹는 게 미안해진 난 어느 날부터인가
편의점에서 2+1을 사서 나눠먹곤 했다.

어느 날이었다.

아침에 커피를 사서 출근하던 날이었다. 오후가 되자 잠깐 한가
해졌고 직원들은 커피내기를 하자며 하나둘씩 말하기 시작했다.
내기를 하면 잘 걸리지 않는 편이기에 자신감이 있어 주머니사정
은 생각지 않고 내기를 했다.

원래는 사다리를 타는 게임을 했었지만 갑자기 번호를 선택해서
뽑는 걸로 해보자며 누군가 밀어붙였고 그게 뭔지도 이해 안 된 상
태에서 내가 뽑은 번호는 당첨이었다. 다른 직원들은 내가 걸리자
환호했고 기쁜 표정을 지었다. 나는 웃을 수 없었다.

순간적으로 머리가 아파오면서 이런 생각이 들었다.

'젠장… 잘 안 걸리는데 하필 오늘 걸리네. 헐… 돈이 모자라겠
는데?'

별다방 커피는 아니지만 저렴한 편에 속하는 프랜차이즈 커피를
사는 것이었다.

비싸진 않지만 부담되는 금액이었다. 다들 메뉴를 고르며 뭘

먹을지 신나했다.

그때였다.

재빨리 내가 먼저 선수쳤다.

"아… 아침에 난 커피 사왔는데, 또 사야 돼? 어드밴티지를 좀
주라. 엉??"

흠… 다들 모르는 척 안 들은 척 뭘 먹을지 메뉴만 바라보았다.
심통해진 난 별 반응이 없자 점점 초조해지기 시작했다.

'돈이 모자란데… 어떡하지? 그냥 없다고 해? 말아? 없다고 하
면 나는 뭐가 되노… 뭐가 되긴… 쓰레기가 되는 걸까? 아…'

그때였다.

직원 S가 덤덤한 말투로 말했다.

"음… 오늘은 별로 땡기는 메뉴가 없노."

"뭐? 땡기는 게 없어?!!"

한참 예민해져 있던 난 승모근이 바짝 섰다.

그 말을 듣자마자 울컥했고 나도 모르게 웃고 있던 S의 멱살을
잡았다.

"뭐? 안 땡기면서 왜 내기 하자고 했노!! 왜 하자고 했냐고!!!!!"

순식간에 일어난 멱살잡이에 다들 놀라 쳐다보았고 그 광경을
본 직원들은 웃기 시작했다.

"그러게… 안 땡기면서 내기를 왜 한건지…."

돈이 모자랐던 난 예민해져 있었던 것이다.

멱살이 잡힌 S는 미친 듯이 웃어댔다. 내가 한 행동에 진심이 느껴진 모양이다.

결국 커피는 S가 사서 나눠주게 되었다. 그 모습을 보니 나는 다시 미안해지기 시작했고 마음이 걸렸던 다음날 커피를 사들고 출근하였다.

S가 말했다.

"뭘 또 사왔노? 이제 안사와도 되는데…"

그 말을 들은 난 S에게 말했다.

"시작은 마음대로 시작했어도 그만두는 건 마음대로 못한다."

그 말을 들은 S는 어이없어 하면서도 웃겼는지 계속 웃어댔다.

내가 말했다.

"자, 이제 내가 커피 사는 순서를 말해줄게. 내가 1번, S가 2번, M이 3번이다. 알겠제?"

그러자 S는 말했다.

"순서가 왜 그렇노?"

난 S를 힐끔 쳐다보곤 말을 이어나갔다.

"법으로 정해져 있다. 법으로 순서가 이렇게 오른쪽으로 1,2,3. 오케이?"

다들 황당해하면서도 고개를 끄덕였다.

하지만 어느 순간부터는 1,2,3아닌 1,2,1,2,1,2,1,2로만 돌아가는 게 느껴졌다. S가 말했다.

"왜 우리만 자꾸 돌아가노? M은 안 사나?"

그 말을 듣고 생각해보니 M이 순서대로 돌지 않았다.

자주 오던 길로도 보이지 않았다. 출근은 했는데 사람이 보이지 않는다. 난 뭔가 머릿속으로 스쳐 지나갔다.

"됐다. 그냥 1,2,1,2,1,2로 돌아."

S는 어리둥절하며 말했다.

"갑자기 룰이 바뀌노?"

난 또 대답했다.

"법으로 정해져 있다. 법으로 ㅋㅋㅋㅋㅋㅋㅋㅋㅋㅋㅋㅋㅋ"

어이없어하던 S는 웃어댔고 곧이어 전화가 울렸다.

M이었다.

"여보세요."

"저 M인데요. 아까 비상 조치됐어요?"

"아 그거 조치했어."

"아, 그래요?"

"어. 그리고 M아."

"네. 요새 왜 여기로 안 지나 다니노?"

"네?"

"아… 요새 바빠서 거기로 잘 안 가게 되네요."

"그래? 그럼 한가할 때 온나. 오늘 아침에도 커피 들고 왔는데 니가 안와서 다른 사람이 커피 마셨다이가."

"아, 그랬으예?"

"그래. 우리가 서로 부담을 느끼는 사이가 되면 되겠나? 우린 그런 사이 아니잖아. 부담 느끼지 말고 그냥 온나. 괘안타. 알겠제?"

"네. ㅋㅋㅋㅋㅋ 알겠습니다."

내용을 옆에서 듣던 S가 소리쳤다.

"커피 좀 사라. 커피! 니 차례다. 니 차례!!"

난 전화를 끊고 S에게 말했다.

"애가 부담 느꼈는 갑다. 그냥 놔둬라. 1,2,1,2,1,2로 돌아가."

"에이씽…."

불만 섞인 목소리의 S를 보며 난 말했다.

"여자 친구가 있으니까 돈이 많이 들어가서 그렇겠지. 이해해 줘야지."

"왜? 월급탄지 얼마나 됐다고 돈이 없단 말이고?"

"아니, 여자 친구가 있다이가. 그럼 돈 쓸 일이 많겠지. 안 그래?"

"여자 친구가 있다잖아…."

그렇다. 사실 S는 여자친구가 없다. 혼자 된지 오래되어 마법사가 될 것 같았다. 그래서 이해가 잘 안됐을 것이다. 난 S를 힘들게 이해시켰고 커피 배틀은 아직까지도 끝나지 않았다.

커피 배틀이든 내기든 하려 할 때에는 조심해야 되는 부분이 있다. 원치 않은 사람에게 강요를 하지 말라는 것이다. 보통 내기를 하면 원치 않은 상태에서 사는 경우가 많다. 하지만 이런 게 부담이 되어 하기 싫지만 억지로 해야 하는 경우도 발생한다. 보통 선배들이랑 하게 되면 부담스러운데 거절할 수는 없으니 말은 못하고 망설이는 사람들이 있기 마련이다.

별일 아닌 것 같지만 쌓이다 보면 불만이 되면서 자연스레 사람들과 멀어지는 계기가 된다. 그럼 멀어진 당사자는 소외감을 느끼게 되고 심하면 출근하기가 싫어지는 사태가 발생한다. 내기나 배틀을 하더라도 적당한선에서 유지하기 바란다. 나로 인해 출근을 원치 않는 사람이 생긴다면 이것 또한 내가 잘못된 일을 한 거나 마찬가지다.

뭐든지 적당히 이루어져야 사람관계도 오랫동안 유지되는 것이다. 그렇다고 원치 않은 사람에게 계속 사주는 것 또한 잘못된 방법이다. 하다보면 꼭 그런 걸 이용하는 사람들이 있다. 호구가 되지 않으려면 한두 번 사줘보고 그 사람의 반응을 살펴본다. 나를 이용하는 낌새가 보이면 안 사주면 된다.

사람들에게 베풀어 주다가도 언제나 나를 먼저 챙기길 바란다.
그렇게 하면 진정한 배틀의 승자가 될 수 있을 것이다.

사이다

이건 내가 대학 다닐 때의 일이다.

대학 다닐 때 우리 과의 친한 언니들과 수업이 끝나면 자주 고기집에 갔었고 소주와 대패삼겹살을 즐겨먹었다. 그 당시 철없이 노는 걸 좋아했던 나는 용돈이 자주 떨어져 항상 돈이 모자란 생활을 하곤 했다. 언니들은 돈 없는 동생들을 위해 자주 사주기도 하였고 남다른 유머감각으로 하루하루 즐거운 시간을 보내고 있었다.

비가 부슬부슬 내리는 날이었다.

그날도 어김없이 G삼겹살집으로 향했고 룸식으로 되어있는 테이블에 자리 잡았다.

A언니가 속삭이며 말했다.

"문정아."

"네?"

"우리가 오늘 고기 사는 거니까 돈 걱정은 말고 저기 밖에 나가서 음료수 좀 사 온나."

식당 안에서 음료수를 시켜서 먹는 게 맞는 일이지만 돈이 풍족하지 않은 우리는 밖에서 사와서 먹었고 사장님도 알지만 모르는 척 양해해 주셨다.

지금 생각하면 민망하기도 하고 사장님에게 미안한 생각이 든다.

"네, 다녀올게요."

밖으로 나간 나는 주머니와 지갑을 확인했다. 당연히 만원짜리가 있을 거라 생각했는데 이게 무슨 일인지 아무리 봐도 돈이 없는 것이다.

'헐……'

사온다고 말은 했는데 돈 없다고 다시 가기도 뭐한 상황에 난 머리가 빠르게 굴러가기 시작했다.

'어떡하지? 어떡하지? 음료수 살 돈도 없냐고. 뭐라 하는 거 아냐? 없다고 말하기가 민망한데……'

생각을 짜내던 그때 휴대폰에 입력되어 있는 B오빠가 떠올랐다.

이 오빠는 예전 마트에서 보안으로 일할 때 같이 일한 오빠였다. 최근에 이 오빠가 우리학교에 복학했었고 한 번씩 연락하던 사이였다.

난 앞뒤가릴 여유가 없이 전화를 했다.

"여보세요."

"어, 문정아. 웬일이고?"

"어디세요?"

"응? 어디기는 학교지. 수업 들어가야 되는데 시간이 좀 남아서 과사에 있다."

"그래요? 오빠, 바빠요?"

"왜? 니는 어디고? 커피 한 잔 물래?"

난 알게 모를 미소가 띄어졌다.

"아… 그럴까요? 전 ○○편의점이예요."

"알겠다. 좀만 기다리라."

"네."

전화는 끊어지고 난 이런 내 모습이 웃기기도 하고 이상하기도 하고 미친 것 같기도 했다. 이게 무슨 시추에이션인지 나중에는 에라 모르겠다는 맘으로 B를 기다리고 있었다.

5분 정도 지나니 오빠가 편의점으로 들어왔다.

"문정아. 뭐 마실래? 커피 하나 골라봐라."

"오빠부터 골라요."

"음… 나는 이거 물란다. 니는?"

"음… 난 커피가 별로 안 땡기는데…."

"그래? 그럼 딴 거 무라."

"오빠, 그럼 전… 이거 마실게요."

"뭐? 진짜가? 그게 먹고 싶었나?"

"네… 오늘따라 목이 타네요."

"그래? ㅋㅋㅋㅋㅋㅋㅋㅋㅋㅋㅋ

니 많이 탔네 목이… ㅋㅋㅋㅋㅋㅋㅋㅋㅋㅋㅋㅋ"

B는 미친 듯이 웃기 시작했다.

내가 고른 건 바로…… 1.5리터 사이다였다.

ㅋㅋㅋㅋㅋㅋㅋㅋㅋㅋㅋㅋㅋㅋㅋㅋㅋㅋㅋㅋㅋㅋㅋㅋㅋㅋㅋ

ㅋㅋㅋㅋㅋㅋㅋㅋㅋㅋㅋㅋㅋ

언니들이 사이다가 먹고 싶다고 한 것이다. 어쩌겠는가. 난 선택의 여지가 없었다. 사이다를 고르고는 B의 눈치를 보며 생각에 잠겼다.

'원래 캔이나 병을 가지고 갈 생각이었는데… 아무래도 적지 않은 인원 수여서 분명 마시다 모자랄 텐데… 그럼 또 사러나가야 하는데… 안 된다. 이제 사들고 가면 두 번 다신 못나온다.'

계산을 한 B오빠는 커피를 마시며 말했다.

"니는 수업 끝났냐?"

"네, 이제 마쳤어요."

"그래?"

"언제 시간 되노? 오빠가 아구찜 맛있는데 안다. 거기 가자."

"진짜요?"

"다음엔 제가 살게요. 먹으러 가요."

"야, 됐다. 내가 사줄게. 내 수업시간 다 됐네. 먼저 갈게. 또 연락하자."

"네, 오빠 잘 가요. 고마워요. 잘 마실게요. 진짜……."

편의점을 나선 B는 총알같이 사라졌다.

그 순간 휴대폰이 울렸다.

"여보세요."

음료수를 기다리는 언니들이었다.

"문정아!!"

"네, 언니."

"어디고? 함흥차사고? 언제오노? 음료수 만들어가 오나?"

흠… 그렇다. 난 음료수를 만들었다기보다 음료수를 구하러 갔다.

난 힘차게 식당 문을 열었다.

언니들에게 1.5리터 사이다를 보여주자 일제히 언니들은 환호하기 시작했다.

"문정아!! 대단하다. 클라스가 달라."

난 끝까지 음료수의 출처를 말하지 못했다. 맛있게 대패삼겹살과 술을 마시고 나온 우리들은 집으로 향했다.

이제야 B오빠에게 진실을 전하게 되어 마음이 한결 편하다.

"B오빠. 그날 진짜 고마웠어요. 오빠가 아니었으면 1.5리터도 음료수도 자존심도 날아갔을 거예요. 그날 이후로 연락 없던데 음료수 사달라고 안 할게요. 건강하세요!"

연애의 참견

1

한산한 오전시간, 화장품 코너의 직원이 보안실로 연락을 했다.

"저기 아저씨, D매장인데요. 보안직원 좀 빨리 보내주세요. 이 상한 남자가 행패 부려요."

남직원이 이동을 했고 30대 중반의 남성이 매장에 서 있었다. 전화를 건 여직원은 울상이 되어 남직원에게 말했다.

"저 남자가 영업방해를 해요. 빨리 데리고 나가주세요."

남직원은 데리고 나가려고 했다.

그러자 그 남자가 외쳤다.

"놔라, 놔. 내가 그냥 가만히 갈 줄 아나?"

그때였다. 어떤 고객이 매장으로 들어오자 그 남자는 기다렸다는 듯이 말했다.

"저기요. 아주머니, 여기 매장 오늘부터 장사 안하니까 그냥 나가세요. 저 여자가 어떤 여자인 줄 압니까? 이런데서 물건 팔아주면 안됩니다."

곤란한 상황이 계속되었고 보안직원은 남자에게 다가가 제지시키며 조용한 데서 얘길 하자며 타일렀다. 그제야 남자는 판매 여직원을 째려보며 나갔고 바깥으로 나간 남자는 한숨을 쉬며 말했다.

"아니, 내가 잘못됐습니까?"

남직원이 말했다.

"매장에서 그런 식으로 하시면 당연히 영업방해에 해당됩니다. 자꾸 그러시면 경찰을 부를 수밖에 없습니다."

"아니… 참 나… 그러지 말고 우리 커피 한 잔하입시다."

가까운 편의점에 커피를 사들고는 벤치에 앉아 얘기하기 시작했다.

"내가 실은 저기 매장 A직원이랑 동거하던 사이입니다. 그런데 솔직히 쟤한테 들어간 돈 1억 가까이 된다고요. 지방에서 내려와 원룸에 옷에 생활비 모든 걸 제가 지원을 해줬는데 갑자기 얼마 전부터 나를 피하고 연락이 안 되더니만 찾아가보니 웬 젊은 놈이랑 같이 생활하고 있대요. 아저씨 같으면 눈깔이 안돌아가겠습니까?"

애길 듣다보니 뭔가 이상한 상황이 되어가고 있었다. 이 남자가 매장에서 들어오는 고객들마다 물건을 못 사게 행패를 부린 건 판매직원 때문이었던 것이다. 애길 다 들은 보안직원은 말했다.

"화낼 상황이고 답답해서 찾아온 거는 이해합니다만 아까처럼 행동하시면 우리 입장에선 영업방해로 신고할 수밖에 없습니다. 바깥에서 만나서 애길 하시든지 사적인 얘기니 두 분이서 해결을 하셔야지요."

타이르는 직원을 보며 남자는 한동안 말이 없어졌다.

"하아… 알겠습니다. 그럼 마지막으로 얼굴만 보고 가겠습니다. 제발 경찰에 신고만 하지 마세요. 제가… 실은 와이프가 있습니다. 알면 안 됩니다. 저도 정리하려고 온 겁니다. 부탁드릴게요."

이건 또 무슨 황당한 일인지. 가정이 있는 남자라니… 남직원은 행패부리지 않는다는 조건으로 동행 하에 남자와 들어갔다.

해당 여직원은 매장에 없었다. 허탈한 표정을 지은 남자는 떨어지지 않는 발걸음을 하며 힘겹게 돌아갔다.

몇 시간이 지나 여직원이 보안실로 찾아왔다.

"아저씨, 그 사람 갔나요?"

"네, 갔습니다."

"하… 진짜 또라이 새끼예요. 어쨌든 감사합니다."

인사를 하고 사라진 그녀는 다음날 아무렇지 않게 환한 모습으로 일을 하였다.

누구 말이 맞는 건지 사생활이라 더는 묻지도 않았지만 그게 사실일지라도 지독한 악연이었나 보다.

2

○매장엔 예쁘다고 소문난 B직원이 있었다.

하얀 얼굴에 키도 크고 이목구비가 뚜렷해 청순한 이미지로 남자들에게 인기가 많은 직원이었다. 단점이라면 표정이 늘 무표정이었고 말수가 적어 굉장히 내성적이라는 점이었다.

어느 날 보안실로 다급한 전화가 왔고 O매장으로 이동해보니 한쪽 뺨을 움켜지며 B직원이 울고 있었다. 무슨 일이냐고 물으니 아무런 말이 없었다.

경찰에 신고를 했다며 어떤 여자와 남자를 가리키며 도망치지 못하게 잡아달라고 했다. 가리킨 여자는 A였고, 오히려 화를 내며 말했다.

"꼴에 터진 입이라고 말은 잘하네. 내가 왜 경찰을 만나야 되는데? 야, 너. 내가 얘기했지? 내 남자한테 연락하면 두 번 다신 가만히 안 있을 거라고!!!!! 근데 니가 또 연락했더만. 뻔히 같이 있

111

는 거 알고 또 연락했잖아. 일부러 그랬다이가. 미친년이 경찰을 불러? 그래 갈 때까지 가보자."

B직원은 얼굴이 빨개졌다.

A와 같이 온 남자는 아무 말도 하지 않았고 그 상황을 지켜볼 뿐이었다.

그 남자는 바로 이 사건의 당사자였다. 우리는 모여 있는 사람들을 해산시키고 당사자 남자와 여자 A와 B를 데리고 보안실로 향했다.

하지만 B는 도망치듯 어디론가 사라져 버렸다. 말할 가치도 없고 상대하기 싫다며 말이다.

A는 우리에게 자세히 얘기했다.

"저것 봐요. 지가 찔리니까 저러는 거예요. 지가 옛날 여친이면 여친인 거지. 지금도 지가 여친인 줄 아는지 헤어졌으면 정리를 했어야지. 지지구리하게 자꾸 집착하더니만 미친년. 언제까지 내가 여기 있어야 하나요?"

경찰이 현장에 왔어도 B는 나타나지 않았고 전화로만 얘길 들을 수밖에 없었다.

결국 맞은 건 없던 일로 하겠다며 마무리 되었다.

3

C매장에 어떤 남자가 난동을 부린다는 연락을 받고 이동하였다.

도착하니 남자의 손엔 매장에 D/P되어있던 골프채가 들려 있었고 골프채로 판매직원인 D양을 협박하듯이 소리를 지르고 있었다.

"니 혼자만 끝내면 다냐? 난 아직 끝나지 않았다."

소리를 지르는 남성을 보고 D양은 겁에 질린 듯 움츠려있었다.

"진정해라, K야. 알겠으니 진정하라고…."

보안직원들은 남성을 제압했고 직원 동선으로 이동시켰다.

그 남자는 격한 반항과 함께 소리를 질러댔다. 알고 보니 헤어진 사이로 시간이 지났지만 해결이 안 된 일이 남아있는 듯 보였다. 여자는 헤어진 것이지만 남성은 아니었던 것이다.

도대체 어떤 문제가 있기에 일하는 직장까지 찾아오는 것일까? 궁금한 점이 많았지만 접어둘 수밖에 없었다.

이성 간에 이별은 누구나가 힘들고 어려운 일이다. 계속 상황을 피한다고 해결되진 않는다. 서로가 문제가 있을 경우 마주보고 얘길 하되 서로의 자존심은 건들이지 말아야 한다. 폭력적으로 나오는 경우가 생기면 법적으로라도 확실히 결론지어 두 번 다시 악순환이 생기는 걸 막아야 한다. 정에 이끌려 용서한다든지 어설프게 처리를 하면 꼭 문제가 발생한다.

　사람과의 관계에서 맺고 끊음을 확실히 하지 않으면 내 인생을 망치는 첫걸음이 된다는 걸 명심하자.

휘바휘바

대학 다닐 때 같은 과 언니인 C에 관한 이야기다.

C는 얼굴이 참 예쁘고 몸매도 좋은 완벽한 언니였다. 우리 과 모델로도 추천 받았을 만큼 비주얼이 뛰어났다. 학교 내에서 C와 캠퍼스를 활보하면 남학생들의 시선이 꽂히는 게 느껴질 정도였으니 말이다.

그러던 어느 날, C는 학교셔틀버스를 타고 오는 길이었다. 학교셔틀버스는 늘 만원이었고 그날은 무지 더운 날이었다.

C는 민소매의 상의를 입고 있었는데 만석이라 뒤 칸에 서서 가고 있었다. 껌을 즐겨 씹었던 C는 그날도 어김없이 껌을 씹고 있었다. 한참을 가고 있는데 C는 껌을 씹다가 뭔가 허전함을 느끼게 된다.

'어? 뭐지?? 어디 갔지??'

오물조물 입 운동을 하던 C는 갑자기 사라진 껌을 찾기 시작했다.

무의식적으로 밑을 내려다 본 C는 기겁을 했다. 씹고 있던 껌이 앞에 앉아있던 남학생의 팔뚝에 얌전히 붙어있었다. 이빨자국 그대로 가지런히 팔뚝에 원래 붙어있었던 점처럼 말이다.

순간 어찌할 바를 몰랐던 C는 남학생의 얼굴을 쳐다보았다. 남학생도 이런 일은 처음 겪었는지… 아니, 처음일 것이다. 모르는 여자가 자기 팔에 껌을 뱉었으니 말이다.

남학생은 얼굴이 빨개지며 잔뜩 인상을 쓴 채로 C를 올려다보았다. C는 눈이 마주치자 당황해 하며 말하기 시작했다.

"헉… 죄송합니다. 정말… 어떡하지? 죄송해요."

남학생은 C의 얼굴을 뚫어지게 쳐다보더니 한마디 했다.

"괘…괜찮습니다."

그는 전혀 괜찮지 않은 얼굴이었다.

하지만 무언가 애를 쓰며 괜찮다고 자기 자신에게 최면을 거는 것 같기도 했다. C는 너무 놀랐지만 이 상황이 뭔가 웃기기도 해 그 자리에서 웃음이 터지고야 말았다.

"아…크크크크_크크_크 네…… 정…말…ㅋㅋ키크크크크크 윽 죄송해..요 ㅋㅋ키크크크크ㅋㅋ"

남학생은 화를 낼 법도 한데 C의 미모 때문인지 무엇 때문인지 끝까지 태연하게 별거 아니라며 손짓을 했다. C는 남학생 팔뚝에 붙어있는 껌을 다시 주워들었고 가지런히 손에 들고는 버스에서 하차하였다.

그 뒤로 C는 껌을 더 즐겨 씹었다는 후문이다.

회사 권태기

백화점 근무를 할 때의 일이다.

어느 때부터인가 나는 매일매일 똑같은 일상과 반복된 하루로 상당히 심적으로 지쳐있었다. 너무나 익숙한 일이였지만 하루하루가 무의미한 삶이라 생각되었고 출근하기가 너무나도 싫었다. 퇴근하고 집에 돌아오면 10시가 훌쩍 넘었고 씻고 누우면 잠들기에 바빴던 것 같다.

하지만 잠자는 시간이 내게는 너무나 아까웠던 나머지 누워있으면 휴대폰을 이리저리 만지다 잠드는 시간의 연속이었다. 눈을 뜨면 다음 날 아침이었고 졸린 눈을 비비며 튀어나온 한마디는 쌍욕이었다.

"씨X!!!!"

'벌써 출근시간인 건가?'

욕을 하며 씻고 옷을 챙겨 입고 집을 나선다. 출근시간은 8시 25분까지였다. 집에서 제일 가까운 좌석버스를 타기위해 버스정류장으로 향한다. 정류장은 출근길이라 늘 사람들로 넘쳐난다. 이름만 좌석 버스이지 이 시간대에는 좌석 버스의 의미가 없다. 다들 서서 가는 사람이 대부분이니 말이다. 이리저리 사람들에게 치이는 상황에서도 좋은 생각이 머릿속으로 떠오를 리가 없었다.

'아… 출근하기 싫다.'
어느 샌가 내 마음속은 부정적인 생각으로 가득 찼고 지각을 자주하기에 이른다. 지각도 5~10분, 늦으면 20분 이런 식이니 관리자들이 나를 좋아할 리가 없었다.
그렇다고 나에게 핀잔을 주고 잔소리를 하는 것도 지치고 눈치를 보는 일이 빈번했다. 년차도 높고 어떻게 상대해야 할지 고민이 되었던 모양이었다. 지금 생각하면 왜 저렇게 질풍노도의 시기를 겪었나하는 의문이 들다가도 출근하기가 죽을 만큼 싫어 그랬던 것 같기도 했다.

나도 나를 알 수 없는 시간의 연속이 흐르고 실장은 나에게 경위서를 쓰라며 재촉했다. 경위서를 쓰고 나서도 난 내가 뭘 잘못했는지 몰랐다. 정확히 말하자면 잘못된 걸 알지만 인정하기가 싫었던 게 더 맞는 말일 것이다. 회사에서 제일 중요시여기는 근태를 나는 내 멋대로 지키지 않았으니 실장은 참다못해 나를 불러 세웠고 면담하기에 이른다.

"문정아, 도대체 왜 그러는데? 요즘 무슨 일 있냐? 왜 맨날 늦냐?"

나는 그 순간 무엇인가 속에서 올라오는 걸 느꼈고 실장 앞에서 대성통곡을 하기 시작했다. 실장은 당황해 하며 나를 쳐다보았다.

나도 이런 내 모습이 놀라웠다. 10년 가까이 다니면서도 남들 앞에서 이렇게 운 것은 처음이었다. 항상 남자 같은 모습으로 당당하게 다니던 모습만 보던 실장은 나보다 더 놀란 표정으로 타이르기 시작했다.

"문정아… 무슨 일인데? 왜 그러는 거고?"

난 한참 울다 실장한테 말했다.

"실장님, 요즘 개인적으로 힘듭니다. 그래서 그런 것 같습니다. 죄송합니다."

실장은 더 이상 묻지 않았고 일이 잘 해결될 것이라며 위로를 해주었다. 난 문을 열고 나갔고 우는 소리를 들은 직원들이 놀란 표정으로 모두 나를 쳐다보았다.

화장실로 가서 번진 화장을 고치고 정리하며 오픈 준비를 하기 시작했고 그 뒤로는 지각하는 횟수를 줄이려고 노력하였다.

아마 그때의 나는 오랜 기간 동안 앞만 보고 달려와서 쉬고 싶었던 마음이 제일 컸던 것 같다. 한마디로 삶이 힘들었던 것이다. 한 달에 5번의 휴무를 견뎌내고 하루에 12시간의 근무를 제정신으로 했다는 것 자체가 놀랍다. 일의 대한 짜증, 스트레스 등 표출할 수 없었던 마음을 꾹꾹 눌러 담고 일하다 보니 마음의 병이 오는 것도 어찌 보면 이상한 일이 아니었다.

서비스직이라 함은 누구나가 정신적인 스트레스를 많이 받는 것이라 알고 있지만 이 스트레스를 어디에다 풀어야 하는지 현명한 해결책이 없었다. 술을 마셔도 스트레스 받은 만큼 마셨다면 간이 남아나질 않았을 테고 노래방에 가서 노래연습을 했더라면 '슈퍼스타K'에 나갈 실력이 되었을 것이다.

남모르는 고충을 친한 친구나 지인에게 말해도 그때뿐이지 완전히 사라지진 않는다. 그 당시 모든 걸 가족에게 털어놓고 상담을 했더라면 내가 위안을 받고 조금이나마 달라졌을지도 모르지만 그때는 가족의 얼굴을 볼 기회도 없었다. 휴무 때도 약속이 생겨 나가면 말할 기회도 마주칠 기회도 없었다. 그냥 하숙집처럼 잠만 자고 씻고 나가는 일의 반복이었기에 가족들은 나의 자세한 사항을 알 수 없었다.

모든 결정을 내가 판단해서 행동하고 사람도 내가 마음에 들면 만나고 만나기 싫으면 안 만나고 술 마시고 싶으면 마시고 가족들보다 친구나 연인이 더 소중하게 느껴졌고 그게 맞는 거라 생각하며 살았다. 나도 이제 나이가 들고 주변에 많은 사람들이 스쳐지나갔지만 내 곁에 남아있는 사람은 거의 없다.

일할 때 만난 사람들 인연들은 회사를 그만두면서 자연스럽게 정리가 되었고 가족들과 함께하는 시간이 많아지게 된 것이다. 그러다보니 평소 친구들과 함께한 걸 가족들과 하게 되면서 진작 왜 이렇게 하지 않았는지 후회가 들었다. 생각을 많이 하는 시간을 갖게 되면서 나를 돌아보는 계기가 되었고 무거운 마음의 짐도 조금씩 덜어졌다. 몸도 마음도 병원에 다녀온 듯한 치유를 받았다.

우리는 회사생활을 하면서 많은 일을 겪고 바쁘게 살아간다. 돈 때문에 하는 일이라 할지라도 나를 생각하면서 여유를 가질 수 있는 삶을 살길 바란다. 앞만 보고 달리다 보면 여긴 어디인지 나는 누구인지 왜 이러고 사는지 그냥 사니까 살아가는 게 아님을 한 번쯤은 뒤돌아 봤으면 한다.

나를 위해서 가족을 위해서 소중한 사람을 위해서 자주 얘기할 수 있는 기회를 만들어 보는 것이 살아가는데 있어 내 삶에 중요한 역할을 하는 것 같다.

어디선가 분명히 나의 얘기를 듣고 받아줄 수 있는 사람이 기다리고 있을지도 모른다. 내가 다가가지 않았기에 멀리하게 되었을 사람들이 분명히 존재한다.

늦지 않았다. 내 자리로 돌아갈 시간이 말이다.

어머니

1

여동생이 중학교 진학했을 무렵이었다.

동생이 학교에 있어야 할 시간에 집으로 들어왔다고 한다.

엄마는 어찌된 영문인지 몰라 물었다.

"어디 아프니?"

동생은 심각한 표정으로 말했다.

"아니⋯."

엄마는 더더욱 궁금한 생각이 들었고 재차 물었다.

"그런데? 왜 이렇게 빨리 들어온 거냐?"

동생은 그때서야 분노에 찬 목소리로 말을 했다.

"그게 아니라⋯ 우리 학교에 일진 애 B가 하나있는데⋯ 내가 책을 읽고 있었어. 걔가 점심시간에 나한테 와서 옆자리에 앉은 애랑 앉는다고 비키라고 하는 거야. 그래서 내가 싫다고 했지. 그랬더니 계속 시비 걸면서 욕하는 거야. 참다가 내가 열 받아서 걔 귀싸대기를 한대 후려쳤어. 그러자 B가 광분을 하면서 내 머리를 잡고 미친 듯이 흔들어 댔어. 반 애들이 웅성거리고 나도 같이 머리채를 잡고 흔들었지. 그러더니 B와 같은 멤버인 아이들이 말리는 척 하면서 나를 슬쩍 때렸어. 나 혼자 감당하기엔 힘들었는데 내가 발악을 하면서 버티니까 B는 당황했는지 한동안 얼떨떨하게 서 있다가 욕하면서 사라졌어. 내가 먼저 때렸으니 나중에 걔가 가만히 있지 않을 것 같아서 선생님한테는 그냥 아프다고 말하고 조퇴했지."

애길 들은 엄마는 놀라움을 금치 못했다. 내성적인 동생이 친구의 뺨을 때리다니 말이다.

"그래서? 집으로 바로 온 거냐?"

"응."

엄마는 냉정하게 판단하기 시작했다. 이대로 그냥 학교를 보내지 않으면 분명 B는 동생을 가만히 두지 않을 것이 분명했다. 지금도 복수의 칼날을 갈고 있을 것이고 더 큰 사단이 생길 것이다.

엄마는 집으로 돌아온 동생에게 다시 학교로 가자며 말을 했고 당황한 동생은 가기 싫었지만 엄마의 완강한 태도에 어쩔 도리가 없었다.

학교에 도착한 엄마와 동생은 B가 있는 교실을 찾으며 복도를
지나가고 있었다.

주위의 반 아이들이 호기심어린 눈빛으로 동생을 바라보았고,
이윽고 B가 있는 교실에 도착했다.

"여기 ○○○ 학생 있나요?"

갑작스런 상황에 B는 자리에서 일어나 굉장히 불량스러운 표정
으로 복도에 나왔다.

B가 물었다.

"아줌마, 무슨 일인데요?"

뭔가 건드리면 폭발할 것 같은 표정의 아이는 건드리기만을 바
라는 삐딱선의 극치였다고 한다.

엄마는 말했다.

"네가 ○○○ 이니?"

"네, 그런데요?"

"내가 아까 우리 애한테 들었는데 우리 딸이 너한테 뺨을 때렸
다면서?"

"네, 때렸어요."

"그래? 그러면 이 자리에서 너도 애 뺨을 한대 때려라."

"네?!!"

의외의 상황에 복도에는 구경나온 아이들로 가득 찼고, 어디선가 얘길 들은 선생님이 도착하여 당황한 표정으로 말을 했다.

"어머니!! 아닙니다. 때리다니요?!!"

엄마는 개의치 않고 말을 이어 나갔다.

"아니요. 지금 제가 모든 얘길 듣고 왔습니다. 우리 딸이 이 학생한테 먼저 잘못한 것 같은데 사과 해야지요."

그러자 선생님은 손사래를 치며 말했다.

"아닙니다. 어머니, 고정하세요. 그렇다고 때리는 건 아니지요."

엄마는 선생님을 보며 말했다.

"선생님, 이 문제는 제가 알아서 처리하겠습니다."

이윽고 벙찐 표정으로 서 있던 B는 몸이 굳은 상태로 이러지도 저러지도 못하고 있었다.

그런 행동을 본 엄마는 이어 말했다.

"B야, 지금 이 자리에서 우리 애를 한 대 때려라. 그래야 공평한 것 아니겠니?"

그 순간 B는 말하기 시작했다.

"네?!! 아니에요. 괜찮아요."

그러자 엄마는 표정이 바뀌면서 단호하게 말했다.

"정말 괜찮니? 그럼 아줌마랑 약속하나만 하자. 지금 이 시간 이후로 둘 사이에 다시 한 번 불미스러운 상황이 생긴다거나 이상한 이야기가 들리면 그땐 이 아줌마가 정말 가만히 있지 않을 거다. 자, 마지막 기회다. 네가 애한테 쌓인 감정을 풀어라. 그렇지 않으면 너한테 더 이상 기회는 없다."

이야기를 다 들은 B는 한동안 멍하니 서있었다.

시간은 흐르고 결국 B는 동생을 때리지 못했다.

엄마는 마지막으로 B에게 회심의 일각을 가했다.

"그럼 화해의 의미로 둘이 악수하면서 서로 미안하다고 얘기해라."

동생과 B는 서로 미안하다며 악수를 했다.

사건의 마무리를 지은 엄마는 아무렇지 않게 선생님과 인사하고 사라졌다.

이 사건은 학교 내에 일파만파 퍼졌고, 엄마와 동생은 유명인사가 되었다. 엄마는 아이들의 영웅이 되었으며 우리 동생은 중학교 3년 동안 편안한 학교생활을 할 수 있었다.

난 이 이야기를 듣고 엄마의 순발력과 행동에 감탄하지 않을 수 없었다. 보통의 엄마들이라면 아니 내가 그 입장이 되었더라도 자초지종을 물어가며 흥분해서 일을 더 크게 만들거나 아무런 행동도 취하지 못한 채 속만 썩이고 있을 수도 있었을 텐데 그 상황에 어떻게 그런 결정을 내릴 수가 있었는지 놀라울 따름이었다.

어설프게 대처를 했다면 B는 동생에게 똑같이 행동했을 수도 있고 학교생활 내내 괴롭혔을 수도 있었다. 그렇게 되면 왕따 아닌 왕따가 되었을 상황이었으나 엄마의 빠른 판단력과 행동은 탁월한 선택이었다.

2

우리 엄마의 활약상은 이게 끝이 아니었다.

동생은 어느 회사에 입사하게 되었는데 그 회사는 여직원들의 텃세가 너무 심한 곳이었다.

동생은 나와 반대의 성격인데 덩치는 나보다 크지만 소심하고 마음이 여린 편이라 그런 텃세를 부리는 직원들하고 일을 하는 것을 힘겨워 했다.

그러던 어느 날, 동생은 직원들이 대놓고 자신을 까는 얘기를 듣게 된다.

"쟤가 없어도 우리 둘이서 일을 다 해낼 수 있을 것 같은데 굳이 같이 일할 필요가 있나? 일하는데 전혀 도움도 안 되는 것 같구만. 그치? 하하하하하하하하하하하하"

"쟤는 화장실을 너무 오래 쓰는 거 아냐? 화장실 한번 가면 함흥차사네. 이제부터 화장실 가는 시간을 적어났다가 5분에 500원씩 벌금을 내도록 하던가 해야겠네."

동생은 거기에서 너무 화가 났지만 말 한마디 받아치지 못했다. 어떻게 같이 일하는 여직원들끼리 생리현상으로 인한 문제까지 들먹이며 괴롭힌단 말인가. 이건 그만두는 일보다 더한 사내 괴롭힘이었다. 그들보다 일을 더 열심히 하며 야근도 불사했던 동생이었고 다른 회사에서 일했던 수많은 경험으로 그들보다 일을 잘하면 잘했지 못하지는 않았다.

동생은 사장에게 이런 상황에 대해 수차례 말을 하였지만 회사의 사장은 묵살하였고 다른 직원들의 말을 더 수용하고 따랐다. 결국 동생은 버티지 못하고 그만두고 만다.

우리는 동생이 그만두고 나서야 모든 일의 내막을 들을 수가 있었고 나와 엄마는 깊은 빡침을 느낄 수 있었다.

그만두고 난 뒤 동생에게 한통의 전화가 걸려왔다.

회사의 사장이었다.

"○○ 씨!! 그만두더라도 직원들에게 자기가 맡은 일은 제대로 인수인계를 해주고 나가야죠."

느낌이 이상했다. 동생이 회사에 입사했을 때 그만두는 직원에게 인수인계는커녕 제대로 된 일을 배우지도 못했다. 그래서 일할 때 힘들게 고생하면서 일을 했는데 이번엔 인수인계를 제대로 하고 나가라니?

무엇인가 열이 받는 상황이었지만 참고 동생은 마지막으로 인수인계를 하고 오겠다고 했다. 하지만 매일 늦어지는 시간과 하루 이틀도 아니고 몇 날 며칠을 인수인계가 덜 됐다며 자꾸 불러내는 것이었다. 나와 엄마는 두고 볼 수 없었다.

마침내 동생을 불렀다.
"오늘도 가야 되냐?"
"응⋯."
"무슨 인수인계를 그렇게 오래 하노?"
"모르겠어⋯. 다 끝내려고 하면 또 다른 거 물어보고 계속 그래서 미치겠다. 진짜⋯."
"사장은 뭐라고 하는데?"
"몰라. 아예 관심도 없고 직원들끼리 알아서 하란 식이지 뭐."
이야기를 들은 엄마는 이대로 둬선 월급의 정산도 제대로 되지 않고 자기들 편리한대로 동생을 이용할 것이란 판단을 했다.

다음 날이 되었다.
엄마는 마침 동생의 회사근처에 볼일이 생겼고 동생과 가는 길에 동행을 하게 된다. 동생은 도살장에 끌려가는 표정으로 회사에 들어섰고 엄마는 또 한 번 결정을 내리기에 이른다.

"○○야!!!"

"응?"

동생을 불러 세운 엄마는 말했다.

"이건 바로 잡아야 된다."

의아한 표정의 동생을 데리고 엄마는 결국 회사 안에 들어섰고 직원들은 황당한 표정으로 바라보았다. 직원들은 엄마의 눈을 피해 동생에게 말했다.

"엄마를 왜 데리고 왔어? 빨리 데리고 나가. 짜증나 죽겠네. 진짜… 꺼져라."

곧이어 엄마는 웃으며 직원들에게 사장실이 어디냐고 물었다.

직원들은 제대로 쳐다보지도 못하고 사장실의 위치를 가리켰고 엄마는 사장과 대면하기에 이른다. 사장은 황당한 표정으로 엄마를 바라보았다.

"누구…신지요?"

"아, 안녕하세요. 저는 ○○의 엄마입니다."

"아…네. 그런데 무슨 일로 오셨는지요?"

당황한 사장의 표정을 본 엄마는 동생을 바깥으로 내보낸 후 문을 닫고 앉았다.

"아니… 제가 이 근처에 볼일이 있어 왔다가 사장님 얼굴도 볼 겸 잠시 들리게 되었네요."

"아… 그러십니까? 차라도 한잔 하시지요. ○○씨!! 여기 차 좀 내와요!!"

바깥에서 어리둥절한 표정을 짓던 직원들은 서둘러 차를 내어왔다.

사장이 말했다.

"한 잔 하시죠."

"네, 진즉에 인사를 좀 드렸어야 하는데 이제야 기회가 생기네요."

"아…네. 괜찮습니다. 무슨 일이라도 있으신 겁니까?"

사장은 혹시나 불미스런 일로 인해 엄마가 따지러 온 건가 싶어 불편한 내색을 숨기지 못했다.

"저희 딸아이가 이번에 그만뒀지요?"

"아… 네."

"그런데 요즘 그만둔 딸이 인수인계 문제로 자꾸 이 회사에 오는 것 같던데 무슨 이유인지 자세히 말을 안 해서 저더러 오지 말라는 걸 서둘러서 오게 됐습니다."

"아, 그러셨습니까?"

사장은 큰소리를 치며 말했다.

"자녀분이 이 회사에서 적응을 잘 못해서 그만 둔겁니다. 그리고 인수인계를 제대로 해줘야 남은 직원들이 힘들지 않기 때문에 계속 나오게 된 거구요."

엄마도 지지 않고 큰소리로 웃으며 말하기 시작했다.

"그래요? 아… 적응을 못 했다고요? 그런데 제가 듣기엔 같이 일하는 직원들이 애가 일을 못한다면서 없어도 충분히 일을 해 나갈 수 있다고 했다던데요. 그러면은 인수인계하러 나갈 필요가 없지 않습니까? 아니 일도 못하는데 능력도 안 되는 애가 무슨 직원들을 가르칩니까? 제가 딸한테 말했습니다. 네가 실력이 없는데 실력도 안 갖춘 애가 무슨 권리로 직원들에게 인수인계를 하냐고요. 네가 그럴 능력이나 되냐고요!!!!!!"

사장은 얼굴이 빨개지기 시작했다.

엄마는 다시 한 번 말하기 시작했다.

"애가 잘못해서 이 회사에 피해라도 입히면 어떡합니까? 애가 저기 있는 직원들에게 가르칠 그런 자격이나 됩니까? 여기 있는 직원들은 애가 하나같이 일을 못한다고 그만둬도 그 몫을 다 해낼 수 있다고 하는데 말입니다. 그래서 제가 오늘도 딸애한테 네가 실력도 없다면서 무슨 인수인계냐며 회사에 더 이상 피해주지 말라며 가지 말라고 말렸는데 끝까지 가야한다고 해서 제가 여기까지 오게 된 겁니다."

엄마의 까랑까랑한 목소리는 바깥까지 다 들리게 되었다.

바깥의 직원들은 그 누구도 고개를 들지 못했고 아무런 말도 하지 못했다.

이야기를 다 들은 사장은 한참 말이 없다가 고심 끝에 말하기 시작했다.

"아… 어머님, 걱정하지 마십시오. 따님이 회사에 오는 건 오늘이 마지막이 될 겁니다. 정산은 제가 마무리 되는대로 넣어드리겠습니다."

엄마는 그제야 자리에서 일어날 수 있었다.

사장은 연신 인사를 하며 엄마가 나가는 모습을 지켜보았다고 한다.

동생의 정산은 다음날 바로 이루어졌고 더 이상 그 회사에 나갈 일은 생기지 않았다. 일을 잘 성사시키며 마무리된 엄마의 대처법은 확실한 반어법이었다.

누가 보면 본인의 일인데 혼자 해결하지 못해 가족을 끌어들인다고 생각할 수도 있을 것이다. 하지만 사내에서 그런 텃세와 심한 모욕감을 느껴가며 계속 일을 할 수 밖에 없다면 어떤 사람이 제대로 된 입바른 소리를 하며 버티면서 일을 할 수 있을까? 그만두더라도 싸워서 나가든지 좋지 않게 퇴사할 수밖에 없을 것이다.

성인이 되어 회사생활을 하면서 누구나가 처음엔 삐끗거리고 적응하지 못해 실수하기도 한다.

나 혼자 감당하기 힘든 일이라면 주변인에게 말을 하는 것이 현명한 방법이다. 혼자 생각해도 답이 나오지 않고 매일매일 고통 속에 지낸다면 그 누구도 알아주지 않는다. 나 스스로 해결할 수 없으면 타인이 해결해 줄 수도 있는 것이다.

하지만 모든 일에 가족이 나설 수도 없고 친구가 나설 수도 없다. 경우에 따라 움직여야 한다. 냉정하게 생각해서 나에게 문제가 있는지도 고려해봐야 하며 그런 판단이 힘들면 주변인에게 조언을 구해보는 것도 하나의 방법이다.

나에게 문제가 있는 경우에는 함부로 주변 사람이 끼어들면 안된다. 더 우스운 상황이 생기기 때문이다. 누구나가 들어봐도 잘못된 회사방침이거나 직원들의 불공평한 처우라는 판단이 들면 그땐 주변인이 끼어들어도 된다. 이 방법은 도무지 혼자 해결되지 않는 상황에서 마지막에 쓰는 것으로 추천한다.

난 엄마를 보면서 많은 생각을 하게 되었다. 상대방을 꼼짝 못하게 만드는 말의 지혜와 현명함, 오랜 연륜이 느껴지는 사람들과의 대처방법, 아무리 따라가려 해도 동생과 난 아직 한참 멀었다. 생각은 할 수 있으나 실천에 옮기는 건 쉽지 않기 때문이다. 더구나 멘탈까지 약하다면 이 사회를 살아가는데 있어 버틸 수가 없다.

직장생활을 하면 참으로 다양한 사람들을 만난다. 성격도 다 다르고 말투, 스타일, 외모도 다 다르다. 그런 사람들과 같이 일할 때 처음부터 친해진다는 건 있을 수 없는 일이다. 내가 겪어보고 나서야 사람들의 특징을 하나하나 파악하게 된다.

판단이 들면 그때부터 사람들을 대할 때 중요한 선을 지키게 되고 그 선 안에서 사람들과 어울리고 같은 팀으로 협력하여 일할 수 있다. 내 그릇이 작으면 그 만큼의 능력을 가진 주변사람이 모여든다.

하지만 내 그릇이 크다면 커진 만큼의 새로운 능력을 가진 주변 사람들이 모여드는 법이다. 내가 괴롭힘을 당한다면 내 그릇이 작고 받아칠 능력치가 되지 않는 것이다. 그렇다면 사람과의 공부가 덜 된 것이라 생각하고 그곳을 그만두더라도 내가 공부해서 사람들과 어울릴 수 있는 방법을 모색하는 것이 현명한 방법이다. 또한 내 그릇을 어느 정도 크게 키웠다면 어떤 상황에서라도 대처할 수 있는 지혜가 생기면서 위기를 좋은 기회로 만들어 버릴 수 있는 상황이 생긴다.

나를 싫어하는 사람을 원망하지 말고 그 원인에 대해 공부하는 것이 인간관계를 바르게 만들고 두 번 다시 실수하지 않는 지혜로운 사람이 되는 길이다.

그런 점에서 나와 우리 동생은 엄마에게 배울 점이 너무나도 많다. 어쩌면 평생 배워야 할지도 모른다. 존경심이란 이런 게 아닌가 싶다.

진심을 전하는 방법

일을 하다보면 우리는 상대방에게 싫은 소리를 해야 될 때가 있다. 일을 제대로 하지 않아서 또는 나와 마음이 맞지 않을 때이다. 예전이나 지금이나 나는 항상 이런 말을 할 때 제일 신경이 쓰이기도 한 부분이었다. 상대방이 기분 나빠할지도 모르고 '나를 안 좋게 생각하겠지' 라는 생각이 먼저 앞서서였다.

예전에 입사했던 직원 C가 있었다.

C는 소심한 면이 많았던 직원으로 열심히 하려고 하지만 일은 항상 마무리 짓지 못해 욕을 많이 먹기도 하는 직원이었다.

그러던 어느 날, 난 급하게 C에게 택배 확인을 위해 전달하였고 C는 제대로 이행하지 못한 일이 발생했다. 나도 모르게 C에게 닦달을 했고 어느 날부터인가 로비 앞으로 지나가지 않는다는 걸 알게 되었다. 교대를 하려면 로비 앞으로 지나가야 되는데 보이지 않아 이상한 생각이 들기도 했지만 대수롭지 않게 넘겨버렸다.

시간이 지나, 난 C에 관한 얘기를 다른 직원에게 들을 수 있었다.
"선배님, C요. 로비 앞으로 지나가지 않는 게 선배님 때문이랍니다."
나는 황당했다.
"나 때문에? 왜 그러는데??"
"그게… 저번에 택배 때문에 선배가 뭐라 한 거 같은데 그것 땜에 무서워서 교대할 때도 선배랑 마주치기 싫어서 돌아가서 한다고 그러더라고요."
"뭐? 진짜가??"
"네…."
"이제 나는 아무 말도 못하겠네."
나는 더 이상 할 말이 없었고 다른 일도 아닌, 일을 하다가 지적한 것이 무서워서 피해 다닌다는 말이 너무나 황당하고 이해가 되질 않았다.

그리고 나서 C는 회사를 그만두게 되었다. 원인은 자세히 알 수 없었으나 다른 일을 하러 간다고 하였다.

가만히 생각을 해보니 예전 직장이나 현 직장이나 상대방에게 안 좋은 소리를 하게 되면 받아들이는 사람들의 공통적인 모습이 있었다. 입술은 삐죽거리고 눈치를 보며 멀리서 다가오지도 않는 다는 점이었다. 그것도 하루 이틀이 아닌 빠르면 몇 주, 느리면 몇 개월도 지나가야 되는 상황이 생기곤 했다. 아이러니한 점은 나와 친하게 지내는 사람들도 일적으로 한 소리를 하게 되면 똑같은 행동들을 한다는 점이다. 그렇다고 좋은 소리만 하면서 신입이든 아니든 칭찬만 하면서 일을 할 수는 없지 않은가?

가끔씩 직원들 중에는 일하러 온 것이 아닌 친목을 다지러 오는 직원들을 볼 수 있다. 일을 하러 오는 건지 놀러 온 건지 그 경계점을 분간도 못하고 선을 넘는 직원들에게 입바른 소리를 하면 갑자기 사이가 서먹해 지는 경우가 있다. 이런 문제점이 한두 번이 아니었기에 나는 고민의 고민을 한 적이 있었다.

결론은 일을 할 때는 제대로 하는 것이기 때문에 아닐 때는 가차 없이 말해 주는 게 정석이다. 당장은 서운한 마음이 들 수는 있어도 솔직하게 뭐가 잘못됐는지 알려주는 게 맞는 방법이고 현명한 방법인 것이다. 그로인해 상대방은 순간적인 상처를 받을 수도 있으나 솔직하고 명확하게 얘기를 해야 뒤끝이 없고 뒤탈이 나지 않는다.

나는 그래서 어느 순간부터 솔직하게 말하기를 시작했다. 상대방이 나를 불편해 한다는 걸 느끼면 먼저 내가 말을 걸고 상대방의 눈을 바라보면서 이야기를 해본다. 처음엔 피하는 행동을 취하다가도 아무렇지 않게 행동을 하면 상대방도 빨리 풀어지게 된다. 이 방법은 일적인 부분에서 상대방이 실수를 했을 때여야만 가능하다. 다른 문제로 골이 깊은데 이렇게 행동하다간 점점 더 사이가 악화되는 현상이 발생할 수도 있으니 상황에 맞게끔 적절하게 눈치껏 이용해보기를 바란다.

요즘 사람들은 개인주의 성향이 강하다. 혼자만의 공간, 혼자만의 시간, 혼자만의 취미를 가지고 나를 위해 모든 걸 투자하려고 하고 상대방을 위해 생각하고 배려하고 일을 하는 것은 하려고 하지를 않는다. '내가 너 때문에 이렇게 까지 할 필요가 있나?' 라는 생각으로 사이가 틀어지면 틀어지는 대로 회사생활을 하고 내 할 일만 하고 '불편하면 안 마주치면 되니까 무슨 문제가 생기겠나?' 라는 마인드로 회사생활을 하다가는 인간관계에 장애가 발생한다.

이기적인 마음이 나 하나로 인해 모든 사람들에게 영향을 끼친다. 그런 행동 하나하나가 눈에 훤히 보이기 때문이다. 물론 혼자 살아가는 세상이지만 사람들과의 소통을 SNS와 메신저로 하는 시대에 어떤 문제가 생기면 사람을 마주하고 얘기하는 방법은 기피하는 일이 된 것 같아 씁쓸하다.

사과하는 방법도 문자 하나로 퉁 치고 사람을 사귀는 방법도 문자 하나로 해결하고 이런 모습들에 진심이 담겨있는지 아무 생각 없이 하는 소리인지 모르니 혼자만의 생각과 망상에 빠져드는 사람들을 보면 안타깝고 쉬운 문제를 어렵게 푸는 것 같아 답답한 점이 많다.

문제가 발생할 시에는 사람 대 사람으로 마주하며 바라보고 내 마음을 전달하는 것이 제일 빨리 해결되는 좋은 소통의 방법인데 말이다.

시대가 변하고 세월이 흐르고 사람들의 사고방식도 달라지면서 적응하기 힘든 부분도 있지만 변하지 않는 한 가지는 모든 방법엔 해결책이 있고 그 방법 중에 으뜸은 사람 대 사람으로 마주하는 법이다. 세월이 지나도 진심은 통하기 마련이니까 말이다.

나와 가장 적합한 직업

　서울이 111년만의 더위로 39도를 오르내리며 폭염이 지속되었다. 부산에도 더운 날씨가 기승을 부리며 사람들의 불쾌지수가 높아지던 날이었다.

　난 에어컨이 가동되는 로비에서 일을 하면서도 너무나 더웠고 실내온도는 떨어지지 않아 조금만 움직여도 땀이 났다. 날씨 때문인지 사람들은 외출보다 배달음식을 시켜 먹는 일이 빈번해 배달기사들의 모습을 자주 볼 수 있었는데 학원수업을 받으러 온 학생이 들어와 키를 잠시 찍어주러 간 사이에 로비에서 이상한 소리가 들렸다.

　"야~~~~~~~~~~~~~~~"

　'이게 무슨 소리지?'

다른 생각을 할 여유도 없이 또 한 번 큰소리가 들려왔다.

"야~~~~~!!!!!!!!!!!!!!!!!!!!!"

흡사 콘서트 장에서 이런 소리를 들어본 것 같았고 무슨 일이 생겼음을 직감했다. 급하게 키를 찍어주고 로비로 뛰어갔다.

큰 소리를 지른 사람은 배달 기사였다. 배달을 하고 키를 교환하러 왔는데 내가 보이지 않자 소리를 질러댄 것이었다.

난 황당한 표정을 지었고 그 사람은 내 눈을 똑바로 응시하며 한마디 했다.

"니만 바쁘나? 니만 바쁘냐고!!"

한 대 칠 기세로 노려보며 말하는 남자를 보자 가슴 속에서 부글거렸고 무엇인가가 올라왔다.

'이 사람이 미쳤나?'

몇 초간 잠시 생각한 나는 주변을 둘러보았고 주변엔 부동산에서 온 방문객들과 입주민들이 여럿 보였다. 모두가 일제히 이 광경을 쳐다보고 있었다. 아무래도 내가 어떻게 대처할 것인가를 보는 것 같았다. 난 한숨을 내쉬었고 그 남자를 쳐다보면서 말없이 키를 내어주었다.

낚아채듯 키를 가져간 남자는 나를 죽일 듯이 바라보며 한마디만 하라는 뉘앙스를 보였다. 아무래도 나와 싸우기 위해 오늘만을 기다린 사람처럼 보였다.

　난 묵언수행 하듯 아무 말도 하지 않고 남자를 쳐다보았고 결국 남자는 혼자 구시렁대며 밖을 나갔다.

　배달기사는 나갔지만 한동안 멍하니 생각에 잠겼다.

　이 더운 날씨에 싸우려면 수도 없이 싸우고 소리를 지르고 둘이서 데시벨 배틀을 하면서 몸으로 치고 박고 할 수도 있었을 것이다. 기사는 분명 내가 여자이기에 좀 더 만만하게 느꼈을 테고 헬멧을 둘러쓰고 땀을 뻘뻘 흘려가며 뛰어다니니 불쾌지수는 만렙을 채웠을 것이다.

　누군가에게 화풀이를 하고 싶은데 하필 그 타이밍에 내가 걸려든 것일 수도 있다. 그렇다고 아무런 행동도 취하지 않은 내가 정말 잘한 행동이었을까? 그 남자는 이곳에 배달을 하러 와서 기본적인 룰을 지키지도 않고 오히려 큰소리치며 화를 냈다.

　이런 사람에게 끝까지 웃으며 친절하게 대한다는 것은 사실상 있을 수 없는 일이다. 내가 잘못한 것도 아니고 비워져있던 로비의 시간은 불과 5~10초도 안됐었다. 그런 상황에 바쁘더라도 기다리는 것이 맞는 것이다.

　기사의 사정까지 이해하며 생각하며 참기에도 한계가 있고 그건 나에게는 너무나 큰 오지랖이다. 솔직히 말해 바쁜 건 지사정이지 내사정은 아니었다. 밖은 덥고 일은 바쁘고 하나라도 배달 건수를 더 채워야 하는 사람의 입장을 이해 못하는 것은 아니다. 나보다 더 불리한 환경의 악조건에서 일을 하며 열심히 일을 하고 있으니 말이다.

하지만 내가 바쁜데 너도 빨리 움직이라는 마인드는 양아치들이 나 하는 짓이었다. 내 경험상 이런 일은 수도 없이 봐왔고 싸움도 지긋지긋할 만큼 해서 이젠 싸우는 것조차 귀찮았다. 내가 상대하지 않고 그냥 넘어가니 오히려 속이 편해진 걸 느낄 수 있었다.

예전 같았으면 '아저씨, 말 참 쉽게 하시네.'라든지 '내가 배달을 시켰나? 어디서 큰 소리 치노? 여기가 어디라고 행패를 부리노?'라고 했을 테고 그렇다면 안 봐도 뻔한 결과가 생겼을 것이다.

말다툼을 하며 상대방에게 안 좋은 말을 쏟아내면 내 마음은 편해질지 모르나 상대는 속으로 끊임없이 나에 대한 증오심과 미움으로 가득하여 장차 내가 하고자 하는 일에 장애가 온다. 똥이 무서워서 피하나 더러워서 피한다는 말이 있듯이 무조건 싸운다고 일이 해결되진 않는다. 그렇다고 계속 피하는 방법이 답이 될 수는 없다. 그 상황에 맞게 알맞게 대처하는 것이 제일 현명한 방법이다.

어찌 생각해보면 폭염의 더위에 배달하는 사람들도 정신적으로나 체력적으로 힘들 것이라 생각한다. 하지만 본인이 그렇게 짜증이 난 상태에서 계속 일을 하게 되면 내가 아닌 그 어떤 누구라도 싸울 일이 또 발생한다.

사람들은 자기 직업의 대한 만족도가 그리 높지 않다. 내가 원하는 직장생활을 하며 월급을 받아가는 것과 먹고 살아야 하기 때문에 어쩔 수 없이 일을 하는 것은 상당한 차이가 있다. 예를 들어 어릴 때부터 꿈이 댄서인 사람이 현실적으로나 여타 다른 이유로 인해 그 꿈을 이루지 못하고 일반적인 사회생활을 하다가 결혼을 해서 아이를 낳고 살다가 좀 더 여유 있는 삶이 되었다고 하자. 그때는 내가 하고 싶었던 일들을 떠올리며 이제라도 꿈을 이루거나 실천하고 싶어 한다. 그럼 댄스아카데미나 스포츠댄스나 에어로빅, 아쿠아로빅 등 댄스와 관련된 취미생활을 하게 되고 더 나아가서 댄스팀을 만들어 공연을 하기도 한다. 나이가 들어 아줌마나 아저씨가 되었어도 내가 할 수 있는 여건만 주어진다면 그 꿈을 나이에 관계없이 펼치고 싶은 것이다.

다른 경우는 내가 이루지 못한 꿈을 자식들이 이루어 주길 바라며 강요 아닌 강요로 키우는 것이다. 자식들에게 본의 아니게 자신의 꿈을 주입시키고 그 꿈을 이루었다면 그로써 대리만족을 느낀다. 하지만 이건 부작용이 따른다. 자식들이 정말 원했던 직업이라 여기면 모를까. 차후에 성인이 된 자녀들은 원치 않은 삶을 산 것에 대해 부모를 탓하며 원망하기도 한다. 실제로도 많은 사례가 있지만 모두 자신의 꿈을 이루지 못해 생겨난 일이었다.

또 다른 예로 재벌가의 집안은 상황이 다르다. 집안 대대로 물려오는 회사를 이어받는 건 그 자식들이다. 회사를 원하든 원치 않든 선택의 경로가 없다. 하지만 이런 경우에는 자녀들도 기업을 탄탄하게 발전시키는데 기여하길 원한다. 부와 명예가 따르는 가업이기 때문이다. 이렇듯 내가 태어난 집안이 대대손손 물려오는 가업이 없는 그냥 평범한 가정이라면 진정으로 바라는 꿈을 하나씩은 목표로 삼고 그 꿈을 위해 최선을 다하기 바란다. 현실에 안주하여 꿈도 없이 살다가 때가 되면 결혼하고 다들 그렇게 산다하여 나도 그렇게 살지는 말자.

내가 정말 잘할 수 있는 일이 무엇인지 자신감과 프라이드를 느낄 수 있는 직업군을 선택해서 도전하고 간절히 바란다면 지금이라도 늦지 않았음을 말해주고 싶다. 그럼 이쯤에서 그렇게 선택한 길이 나와 맞는지 의문이 생기는 사람들이 있을 것이다. 꿈은 방대하고 간절한데 과연 이 길이 맞는가? 무조건 원한다고 가는 것이 맞는가 하면서 말이다.

태생적으로 사람은 누구나가 직감이라는 것이 있다. 이 말은 나와 맞는 직업군이 '땡긴다' 는 소리이기도 하다. 세상 모든 사람들이 직감만으로 바른 선택을 할 수 있는 것은 아니다. 분명히 내가 바라던 일을 선택했고 그 길을 가고 있는데 너무 힘이 든다거나 안 좋은 일이 연이어 겹쳐 생겨난다면 이건 나와 맞지 않다는 신호일 수도 있다.

그렇다면 계속 참고 일을 할 것이 아니라 과감하게 그만두고 다른 길을 찾아보는 것이다. 이건 실패했다고 포기한 것이 아니다. 경험만큼 내 인생의 좋은 학습이 없지 않은가? 그렇게 하나씩 역량을 채워나가면서 일을 해보는 것이다.

하지만 아무 일도 하지 않은 채 허송세월 보내며 시간만 보내다 보면 언젠가는 나에게 안 좋은 일이 생긴다. 그 시점이 되면 세상이 나에게 인생을 그렇게 살지 말라고 경고를 하는 것이다. 너는 남들이 최선을 다하며 일을 할 때 사회에 공헌한 것이 하나라도 있는지 아무 생각 없이 살고 있는 건 아닌지 말이다. 그럴 땐 정신을 바짝 차리고 일을 해야 한다.

직업 선택의 몫은 본인이 하는 것이다. 고민이 되어 남들에게 조언을 구하고 참고를 할 수는 있으나 무조건 의지하며 기대지는 말아야 한다. 꿈은 다른 사람이 대신 이루어 줄 수 없는 또 하나의 재능이자 나밖에 할 수 없는 능력이라 여겨야 기회가 찾아오고 죽을 때까지 후회 없는 삶을 살 수 있다.

내 인생을 남에게 대신 짊어지게 하지마라. 모두를 망치는 길이다.

면접 복장

면접을 보러갈 때 가장 적합한 복장은 무엇일까?

회사마다 조금씩 다를 테지만 일반적인 상식으로 생각해 보면 깔끔한 복장과 외모가 단연 1위일 것이다. 예를 들어 승무원 면접을 임하는 응시생들은 그 회사의 이미지에 맞는 옷과 헤어 화장까지 철저한 준비를 마련한다. 그 과정에서 일부 응시생들은 본인이 만족할 만한 세 가지를 충족하기 위해 비싼 헤어숍을 예약하고 이용한다.

항공회사에서 면접사항에 모든 걸 완벽하게 갖추기 위해 비싼 숍을 이용하라는 말은 절대 찾아볼 수 없는 항목이지만 누구나가 간절한 마음에 찾아보는 것이다. 아마추어보단 전문가의 솜씨를 월등히 믿게 되고 그로써 나의 자신감도 달라진다. 면접을 보고 결과가 좋으면 숍을 이용한 보람을 느끼며 주변지인들과 인터넷과

SNS로 추천하며 알리기도 한다. 하지만 결과가 좋지 않으면 괜히 숍을 원망하기도 하고 자존감이 떨어져 속이 상한다. 그만큼 사람들은 회사의 면접을 제일 중요하면서도 어려운 과정으로 인식하고 노력한다.

난 일하면서 보안요원의 면접을 보러 오는 많은 사람들의 복장을 보았다. 그 중에는 황당한 복장도 더러 있었다. 반바지의 반팔 차림으로 집 앞 슈퍼마켓에 나가는 차림을 하고 당당하게 면접을 보는 사람이 있는가 하면 트레이닝복으로 면접을 보는 이도 있었다.

도대체 이런 사람들은 무슨 생각으로 면접을 보러 오는 것일까? 아무리 오래 일하지 않을 직장일지언정 다른 직장과 비교해 아르바이트 면접을 보는 개념이라 해도 이건 너무한 것이었다. 회사에서는 인력이 부족하고 그 부분을 채울만한 직원을 빨리 뽑아야 함에 면접복장에 관한 지적도 할 수 없는 현실이긴 하지만 이런 차림은 보안을 우습게보고 있다는 것 밖에 생각되지 않는다. 하다못해 청바지에 흰 티가 개념 있는 사람으로 여겨지니 말이다.

무조건 경조사에 가는 복장처럼 깔끔한 정장차림을 입고 나오라는 것은 아니다. 하지만 최소한의 예의는 지키자는 것이다. 본인이 하찮은 직업이라 여기고 면접을 보는데 그런 사람이 일을 열심히 할 수도 없거니와 잘 할리도 없다. 운이 좋아 보안 일을 한다 해도 개념 없는 사람들이 한두 명이 아니다. 차라리 아르바이트를 하는 곳을 찾아보는 것이 본인에게 딱 맞는 수준인 것이다.

이런 부류의 사람들의 마인드는 하나같이 진지한 점은 찾아볼 수 없다.

'하다가 힘들면 그만두지 뭐….'

'직장이 이곳밖에 없나?'

'무슨 이런 일까지 하나….'

'경비 주제에……'

'얘는 나한테 왜 이렇게 까칠하게 구는 거지?'

'더럽다. 더러워….'

본인이 회사에 미치는 영향은 생각하지도 않고 무조건 남 탓에 회사 탓만 하고 있다. 이곳이 마음에 들지 않는데 입사하는 거 자체가 모순인 것이다. '돈만 벌어 가면 되지' 라는 사고방식은 행동에서 그대로 드러나게 되면서 본인이 주변사람들의 사기도 떨어뜨린다. 제발 이런 사람들은 보안 일에서 손을 뗐으면 한다.

불만사항이 많아지면 일을 열심히 할 수 없다. 회사생활이 하루하루가 지옥이 되면서 그런 모습들이 상대방에게 철저히 비춰지고 영향을 끼친다. 고객들도 단번에 알아차리고 컴플레인이 이어지는 상황이 생기기도 한다.

서비스직을 하는 사람이 불만과 짜증을 느끼며 일을 한다면 그만두는 것이 맞다. 이 직업이 자신에게 맞지 않다는 몸의 신호이다. 복장으로 인해 일까지 그만두는 사항이 말이 안 되는 것 같지만 그런 현실이 실로 많이 생겨난다.

대기업에 면접을 보러 가는데 누가 반팔 반바지의 옷차림을 하며 보러가는 사람이 있을까? 그것만 봐도 사람들이 어떤 직장이냐에 따라 생각하는 방식이 달라지기 때문인 것을 알 수 있다.

누구나 간절히 원하는 직장은 있다. 그것이 현실적으로 너무나 높은 이상의 꿈일지라도 사람들은 꿈을 꾼다. 원하는 직장을 가기 위한 스펙을 쌓고 노력을 하고 공부를 하며 치열한 대한민국에서 경쟁을 치르는 20~30대들이 얼마나 많은가? 하고 싶은 꿈을 접고 차선적인 직장을 선택해 일을 하는 사람들에게 격렬한 응원을 해주고 싶다.

현재 차선책으로 선택한 직장에서 일을 하고 있는 사람들은 모두 실력이 없어 그곳에서 일을 하는 것이 아니라 내가 가야하는 길에 또 다른 과정이라 여기고 내가 부족한 점이 무엇인지 판단을 하여 실력을 쌓은 후 재도전을 해보는 것이다.

내가 일을 할 곳은 여기가 아닌데 이 곳에서 나는 무얼 하고 있는지 한심할 수도 있고 마음에 들지 않아 회사를 무시할 수도 있다. 그렇다고 내 인생이 끝나는 것은 아니다.

어느 직장에서나 나에게 주어진 일에 최선을 다해 일을 한다면 분명 기회는 찾아온다. 기회가 왔을 때 놓치지 말고 도전하여 자신이 간절히 원하는 직장으로 이직을 하는 것이다.

그 과정이 얼마나 오래 걸릴지 예상할 수는 없지만 내가 간절한 마음으로 준비하여 기다린다면 분명히 기회는 언제든지 돌아오는 법이다.

그 간절함이 진심인지 계산적인지 아무생각이 없는 것인지 자신에게 물어보길 바란다. 절실하게 참고 견디는 자는 하늘에서도 알아보게 되고 그에 맞는 복을 나에게 내려주는 것이다.

Fly to the sky

10년간 몸담았던 회사를 그만두고 집에서 1년을 보냈다.

처음엔 너무나 행복했다. 압박감과 의무감, 부담감들이 사라지니 몸도 마음도 안정을 찾아갔고 만성피로도 사라지는 것 같았다.

편히 쉬다가도 문득 이런 생각이 들었다.

'이제 내가 일할 수 있는 곳이 어디일까?'

나이가 적지 않았기에 신중하게 생각해야 했다. 20대 중반만 되더라도 뭐든지 할 수 있고 자신감이 높았었는데 말이다.

이젠 어려워졌다. 그렇다고 집에서 마냥 쉬는 건 아니지 않은가. 10년간의 생활패턴이 그냥 잊혀지는 건 아니었다. 몸이 근질근질했고 여기저기 일자리를 알아보던 중에 우연히 베란다에서 하늘을 바라보았다. 비행기가 지나다녔다.

그때 문득 이런 생각이 떠올랐다.

'맞다!!!! 비행기… 승무원?!!'

대학 전공이었던 항공운항과를 멀리 접어두고 세월이 지난 지금 갑자기 생각이 난 것이다.

'그래, 마지막인 것처럼 원 없이 지원해 보자!'

그때부터였다. 승무원이 되려면 해야 될 일과 갖추어야 될 것을 준비해야 했다. 수영을 하지 못했던 난 수영을 단기간에 배웠고 외국어에 취약했던 나는 어렵사리 느지막한 나이에 배우기 시작했다.

토익시험을 치는 날, 오랜만에 느껴보는 긴장감이 들었다. 돌아오는 시험의 결과는 참담했다. 손을 놔버린 세월이 길었던 것과 함께 준비가 너무 취약했던 것이다.

잠시 충격을 받았지만 굴하지 않고 저가항공사부터 시작해 메이저급 항공사까지 모두 지원해 보았다. 하지만 돌아오는 건 서탈(서류탈락)이였다.

알만 한 사람들은 다 안다. 무모한 도전이었다는 걸… 20대 지원자들이 얼마나 많은가? 스펙은 또 어떠한가. 내가 뭐라고 될 것이라고 생각을 했을까? 이 나이에 모자란 스펙에 뭐 하나 완벽하지 않았다.

그렇게 1년 정도를 도전하니 하나만 바라볼 수가 없었다. 하다

못해 5년 이상 이 길만 바라보고 지원하는 사람들도 많지 않은가? 외국어가 출중해 외항사에 취업하는 게 아니고서야 나이 때문에 국내 항공사는 들어가기 힘들 것이라 판단되었다.

난 준비미흡과 길어지는 시간으로 지체할 수 없었고 다른 곳에 지원을 했다. 보안 10년 경력이 이럴 때는 원망스럽기도 하고 알아봐주는 곳이 없다고 생각하니 서글퍼졌다.

며칠 뒤 공항의 보안검색대에서 연락이 왔다.

"최문정씨 되세요?"

"네."

"공항 보안검색대입니다. 면접 보러 오시면 됩니다."

집과의 거리도 그리 멀지 않았고, 보안계통이라 지원했는데 연락이 온 것이다. 그 시기가 모 항공사 합격자의 날짜와 맞물려 행여나 혹여나 합격을 기원하고 있을 때였다.

난 생각에 잠겼다.

'이 길이 맞는 걸까?'

'보안을 10년 했는데 또 하는 게 맞나?'

'만약에 항공사에서 연락이 오면 어떡하지?'

내 생애 제일 고심이 됐던 순간이었다.

그래서 결심을 하고 만다. 보안검색대에 전화를 해 면접을 보지 못한다고 말해버렸다.

그 후론 연락이 없었고 기대한 항공사의 소식도 날아갔다.

'무슨 기대를 한 거지?'

난 정신을 차리고 차근차근 내가 일할 수 있는 곳을 알아보기 시작했다. 그러다 마린시티에 있는 현 직장을 구할 수 있었다. 지금 생각해보면 1년 동안 새로운 꿈을 가지고 도전했던 것을 후회하진 않는다.

예전에도 그랬고 현재도 그렇고 스튜어디스라는 하나의 꿈을 위해 수만 명이 지원하고 도전한다. 합격확률이 하늘의 별따기 만큼이나 힘들다. 어찌 보면 생명의 위험을 무릅쓰고 일을 하는 것이 좋은 직장이라고만은 할 수 없다. 하지만 여전히 여자들에게 인기가 높은 직장이며 우러러보는 존재가 되기도 한다.

하늘에서 여러 나라의 손님을 응대하고 다양한 변수에 대처도 빨라야 하며 체력도 좋아야 한다. 음식을 만들고 서빙하며 응급구조 및 취객이나 컴플레인 고객을 마주해야 하고 면세물품도 판매한다. 무거운 짐도 옮겨주는 일을 하면서도 몸에 맞는 단정한 유니폼을 입고 항상 웃어야 하는 극한직업이기도 하다.

겉으로 보이는 매력 있는 이미지에 많은 이들이 동경을 하고 세계 여러 나라를 다녀볼 수 있다는 이점에 젊은 지원자들은 오늘도 꿈을 키워 나간다.

도전 해보는 건 나쁘지 않다. 젊은 나이에 좋은 경험이 될 수도 있고 인생 직장이 될 수도 있기에 많은 사람들이 경쟁하듯이 지원을 하고 학원을 다니며 유니폼을 입어본다.

경험자 말에 의하면 합격이 되면 한동안은 정말 행복하다고 한다. 아무리 힘들고 고된 일이라 할지라도 참고 견딜 수 있고 같이 일하는 팀이 누가 되느냐에 따라 일이 즐거울 수도 괴로울 수도 있다.

어느 직장이나 그렇겠지만 정말 좋은 직장이라 생각이 된다면 그만두는 이들도 많지 않을 것이다. 막상 현실에서는 입사한지 얼마 안 돼 그만두는 이들도 생기고 일이 힘들어서 그만두는 이들도 생긴다. 그렇다 할지라도 수많은 지원자들이 그 자릴 메워가기에 아쉬울 것 없는 것 또한 회사이다. 회사의 입장에선 한사람을 뽑더라도 보다 나은 스펙과 더 좋은 이미지의 사람을 뽑으려 한다. 그럴수록 합격의 확률은 더 낮아지게 되는 것이다.

내 주변에도 많은 사람들이 항공사에 지원을 했다. 하지만 잘되지 않았고 결국 호텔과 비서직 또는 서비스직으로 선택하는 걸 볼 수 있었다. 그렇지 않으면 카페 아르바이트를 하며 돈을 벌어 스터디와 학원 비를 충당하는 모습을 보곤 '이게 맞는 것일까?' 하는 의문이 들었다.

수년간을 항공사에 지원하고 입사하지 못했을 때 밀려오는 허탈

감은 그 무엇으로도 위로가 되지 않는다. 전직 승무원을 사칭하며 고액과외를 하며 사기를 치는 사람도 있고, 경력 1년도 안 돼 그만 둔 전직 승무원은 스터디 그룹을 만들어 지원하는 사람들의 외모를 평가하여 지적하고 상대적 박탈감을 가지게 하는 일도 있었다. 이 모든 일들은 승무원만 바라보고 지원해 온 사람들에게 더욱더 악순환만 가중시키는 일로 발전이 된다.

　체계적인 준비와 갖은 노력 끝에 승무원의 꿈을 이뤄 현직으로 활동하며 후배들이나 준비생들에게 귀감이 되는 승무원들을 응원 한다. 그들의 노력이 피와 살이 되어 좋은 경험으로 많은 사람들 에게 비춰져 인생의 올바른 선택을 하게끔 유도하는 길잡이가 되 어주길 간절히 바랄 뿐이다.

　막연하게 꿈을 키워 나가지 말고 정말 승무원이 되고 싶다면 자 신의 능력을 최대치로 끌어올려보자. 나의 모든 걸 쏟아 부어 보 고 결과가 좋지 않다면 또 다른 길을 찾는 것이 현명한 방법이자 시간을 줄이는 지혜로운 사람이 된다.

　'붙들어 매면 되겠지' 가 아닌 이 길이 아니면 다른 길로도 돌아 갈 수 있는 사람이 인생의 후회를 남기지 않는 올바른 선택이다.

애인이 없는 이유

　한참 회사 사람들과 어울리며 '일 마치면 뭘 먹으러갈까?', '술을 어디에서 마실까?' 라는 생각으로 하루하루가 설레면서 즐겁게 지낸 적이 있었다. 그때는 무슨 생각이었는지 술독에 빠진 건지 건수가 하나씩 생기면 그게 참 즐거운 일이고 삶의 낙이었다.

　그러던 어느 날, 아는 지인이 솔로가 된지 너무나 오래되어 나에게 소개팅을 보채기 시작했다. 이름만 들으면 누가 들어도 괜찮은 직장에 연봉도 높았으나 소개팅을 하고 선을 봐도 여자 친구가 생기지 않았다. 흠이라면 나이가 조금 많고 아저씨 같은 스타일이 흠이긴 했지만 경제력이나 성격을 봤을 땐 흠잡을 데가 없는 사람이었다.

　그래서 나는 최선을 다해 아는 사람을 동원해 자리를 마련해주었지만 번번이 실패하는 일이 발생했다. 백화점에 일을 할 때니 판매직원들과 아는 지인들이 많았고 어렵게 마련한 자리는 한 번의 만남을 끝으로 만남이 지속되지가 않아 고민이 되었다.

둘의 만남이 어색해 그런 것이라 생각하고 여러 명이 밥을 먹는 자리에 나는 A양을 데리고 나갔다. A양은 외모도 만점, 몸매도 만점, 성격도 싹싹했다. 소개팅이지만 아닌 것처럼 말을 하여 자연스러운 자리를 만든 것이다. A는 그런 사실을 알고 있었고 지인은 A가 뭘 좋아하는지 물어보라 하였다. A는 망설임 없이 소고기, 아니면 회라고 말했다.

우리는 만남의 자리를 만들었고 4명이서 즐거운 시간을 보냈다. 1차는 소고기 집이었는데, 술 한잔하면서 분위기는 화기애애해졌고 2차를 가자며 모두들 신나했다. 2차는 노래주점이었고 A양은 최선을 다해 놀기 시작했다. 2차에 지인은 양주와 여러 가지 마실 것을 시켰다. 무리하는 것 같이 보였지만 지인의 행복한 표정은 내가 생전 처음 보는 모습이었기에 A양을 상당히 마음에 들어 했단 것을 알게 되었다. 즐거웠던 시간은 빨리 지나가 버리고 우리는 헤어졌으며 둘은 연락처를 교환했다. 이번엔 느낌이 좋았다.

다음날이 되자 지인은 A양과 문자를 주고받는다고 했고 만나기도 했다. 그러다 어느 순간부터 연락이 끊어지게 되었고 결국 A는 잠수를 타기에 이른다. A양은 지인이 마음에 들지 않았던 것이다. 그러다 나와도 연락이 끊겨 버리게 되었다.

괜스레 미안한 마음이 들은 나는 실망한 지인의 눈치가 보여 다른 사람을 소개시켜 주겠다고 했다. 그 뒤로도 몇 차례 소개팅이 이어졌지만 인연이 되지는 못했다. 지인도 시간이 흘러 포기한 듯 더 이상 소개시켜 달란 말을 하지 않았다.

소개팅으로 나온 수많은 여자들은 하루 이틀 만나다 안볼 사이가 되고 나는 무엇 때문에 그렇게 열심히 노력했는지 지금 생각해보면 웃음이 나온다. 지인이 안타까워 보여서 그랬을 거라고 생각했지만 지금 현실은 내가 더 안타깝다.

내 코가 석자인 셈이다. 누가 누굴 소개시키고 누굴 위해서 신경을 써가며 노력했는지… 나는 쓸데없는 에너지를 낭비한 것이다. 지금 나에겐 그렇게 노력했던 사람들과 연락이 되는 사람이 없다.

나는 좋은 마음에서 연결을 시켜주려 애쓴 거였지만 가만히 생각해보니 소개팅의 결과가 좋지 않으면 상대방은 나를 원망하게 될 수도 있다는 생각이 들었다. 좋지 않은 기운들이 하나로 뭉쳐져 나에게 화살로 돌아옴을 알게 된 건 모두 다 연락이 끊기고 나서다. 그래서 앞으론 아무리 친한 사이일지라도 함부로 사람과의 인연을 연결시켜 주지 않는다.

내 인연은 내가 올바르게 살고 있다면 자연스럽게 나를 찾아오게 되어 있다. 굳이 만나려고 애쓸 필요도 없다. 기다리면 자연스러운 만남과 기회가 주어지게 될 테니 말이다.

요즘 세상엔 인연을 만들기도 쉽다. SNS로 인터넷으로 모르는 사람들과 소통할 수 있다. 그로인해 나는 상대방을 모르지만 상대방은 나를 알 수도 있는 일이 많이 생긴다. 연예인처럼 방송을 할 수도 있고 수만 명의 팔로워를 만들 수도 있다. 게시글에 '좋아요'를 눌러주면 희열감을 느끼고 팔로워 수가 하나하나 늘어 갈 때마다 기분이 좋아진다. 이런 시대에 다이렉트로 메시지를 보내 만나는 사람들도 상당히 많다.

하지만 그에 따른 결과는 좋지 않은 걸 종종 볼 수 있다. 상대방을 보여지는 SNS로만 판단하기에 성급히 행동하는 일이 생기기도 하니까 말이다. 무슨 만남이건 빠르게 진행되는 건 실수를 동반하므로 당연한 일일지도 모른다.

나는 좋은 인연이 될 사람이 나타나기를 항상 기도해왔다. 기도만 몇 년째이다. 언젠가는 나타날 것이란 생각을 가지지만 이렇게 오랫동안 보이지 않는 건 이번 생은 잘못 살고 있는 것인지 다시 나를 돌아보기도 한다. 그 원인이 아직까지도 난 덜 갖춰진 상태이고 비 메이커이기에 내 인연이 나를 못 알아보는 것이라 여기며 오늘도 기다린다.

수행을 하고 도를 닦고 마음을 수련을 하며 몸에서 사리가 나올 때까지 좋은 에너지로 갖추어진 사람이 되길 노력해본다.

나에게 연인이 없다고 실망하지 마라.

혼자서 외롭다고 느끼며 울고 있지 마라.

언젠가는 생긴다.

비 메이커에서 메이커로 변하는 찰나의 순간에 말이다.

부메랑

1

10년간의 기나긴 직장에서의 생활을 끝내고 두 번 다시는 백화점의 인연들을 다시 마주할리 없다고 생각하였으나 그건 나의 착각이었다. 초고층 아파트의 보안서비스직에 입사한지 얼마 안됐을 무렵 로비업무를 보고 있는데 건장한 체격의 중년 남성이 지나갔다. 무의식적으로 인사를 한 나는 가까이 다가오는 그의 얼굴을 보고 깜짝 놀라지 않을 수가 없었다.

백화점에서 본 얼굴이었다. 굉장히 낯이 익어 생각을 계속하였는데 문득 머릿속을 스쳐지나가는 것이 있었다.
'아 맞다!!!!!'
VIP고객으로 봤던 사장님이었고 잊을래야 잊을 수 없는 사연의 인물이었다. 백화점의 고객으로 쇼핑을 하러왔던 사장님은 집으로 귀가할 때 문제가 생겨 주차관리자를 불러 달라며 호통을 쳤다. 관리자는 현장에 도착했고 발렛 주차요원으로 보이는 젊은 남자 직원이 고개를 숙이며 안절부절 하는 모습이 보였다.

사장님은 남자직원에게 큰소리로 말하였다.

"야!! 너 이 차가 얼만 줄 알아? 운전도 못하는 시키가 남의 차 운전을 그따위로 해? 직원교육을 어떻게 시키는 거야?"

상황을 지켜보던 관리자가 말하였다.

"고객님, 죄송합니다. 저희가 여기 CCTV가 있으니 상황을 살펴 보고 처리해 드리겠습니다."

"이 차 신형차로 뽑은 벤 ○ 야. 시중에 나와 있지도 않는 건데 이거 보상 제대로 해줄 수 있어? 운전을 이딴 식으로 하면 누가 어 떻게 직원을 믿고 차를 맡기나?"

"죄송합니다. 저희가 빠르게 조치 될 수 있게 처리해 드리겠습 니다."

"하…참… 살다 살다 이런 경우는 처음이네."

알고 보니 발렛 요원이 주차하는 과정에서 고객의 차를 몰다 옆 면을 긁어버렸고 차는 신형차이기에 상황이 복잡하게 돌아가고 있 었다. 보험사와 처리하는 과정에서 해당직원은 결국 회사 일을 관 둘 수밖에 없었고 회사와 직원이 비용을 처리하는 일로 마무리가 되었다.

그 당시에는 황당하기도 하고 직원이 잘못한 일이긴 하나 직장도 잃고 비용도 처리해야 한다는 점에서 놀랍기도 하고 당황스런 사건이었는데 그 사장을 이직한 곳에서 보게 될 줄은 꿈에도 몰랐던 것이다.

사장님은 나에게 다가와 말하였다.

"아가씨. 저기 2층에 화분 관리하는 사람 누구야?"

"화분은 미화팀에서 관리하고 있습니다."

"그래? 그럼 화분에 물을 주려면 적당히 줄 것이지, 맨날 줄 때마다 물이 넘치게 줘서 항상 그 밑에는 바닥이 물로 흥건해. 상당히 보기 안 좋은데 당장 얘기해서 바닥 닦으라고 해줘요!!"

"네, 알겠습니다. 전달하도록 하겠습니다."

난 무서웠다. 로비에 울리는 쩌렁쩌렁한 목소리와 큰 체구, 과거 일까지 머릿속을 스쳐지나가며 당장 시정되지 않으면 나도 잘못 될 수 있다는 생각이 들어 재빨리 미화팀에 전화를 했다. 그 뒤로도 사장님은 두 번 정도 화분 물 때문에 나에게 건의하셨고 결국 일은 터져 담당하는 미화팀의 직원에게 큰 소리로 화를 내셨다.

그 후로 화분 밑의 바닥은 물이 고이지도 흘러내리지도 않은 깔끔한 상태로 지금까지 유지되고 있다.

2

일이 바빴던 오후에 로비에 낯익은 퀵 서비스 기사가 보였다.

그 기사는 나를 보며 환하게 웃었고 이내 인사를 먼저 건넸다.

"안녕하세요. 이제 여기서 일하시나 보네."

"아, 네. 안녕하세요. 오랜만에 보네요."

기사님은 백화점에서 상주하다시피 오시던 분으로 거의 매일 봐서 얼굴이 너무 익숙한 분이었다. 항상 보안실 앞을 지나가시다 나를 보면 음료수를 꼭 챙겨주셨는데 몇 년 만에 처음 본 것이다. 기사님은 환하게 웃으시며 인상이 더 좋아졌다며 칭찬을 하셨고 나가는 길에 커피음료를 하나 주시고 가셨다. 늘 웃으시며 변함없던 기사님에게 난 고맙다고 인사를 하였고 지금도 한 번씩 로비 앞을 왕래하시며 안부를 묻는다.

3

바쁜 오후 뒤에서 누군가 나를 부르는 목소리에 뒤를 돌아보았다.

"저기요, A/S하러 왔는데 화물 엘리베이터 어떻게 탑니까?"

젊은 남성이었는데 ○○전자 기사였다.

"우선 로비에 오셔서 일지에 기록해 주시구요."

가까이 다가온 그의 얼굴을 보고 난 깜짝 놀랐다.

"어?!!"

백화점에서 판매직을 하던 직원이었던 것이다.

그 남자는 나를 보며 말했다.

"어, 누나. 여기서 일해요?"

"응. 진짜 오랜만이네. 이제 판매직 안 해?"

"네. 몇 년 전에 그만뒀어요. 이~야, 여기서 보게 될 줄은 몰랐네요. 저 여기 이제 자주 올 것 같은데… 담당이거든요."

"진짜? 이~야, 잘됐네. 나도 일한지 얼마 안됐어. 자주 온나. 얼굴도 보고 좋네."

백화점 일할 당시에 인사만 하고 지냈던 사이인데 너무 친근하게 말을 걸어 순간 베프인 줄 착각하였으나 가만히 생각해보니 인사만 했던 직원이었다. 오랜만에 봐서 그런지 베프로 착각할 만큼 친화력 하나만큼은 갑인 그런 사람이었다.

그 뒤로 지금까지 두 번 다신 직원을 볼 수 없었다.

'그만두었나?'

다음번에는 어디에서 보게 될지 인연이란 참으로 알 수 없다. 우리는 직장을 그만두고 다른 곳으로 이직을 하게 되면 두 번 다신 사람들을 보게 될 수 없을 것이라고 생각한다. 하지만 어디에서나 인연들을 마주칠 수도 있고 만날 수도 있다. 나처럼 예상치 못한 곳에서 만나기도 하고 자주 가던 곳에서 마주치기도 한다.

그래서 인연은 함부로 대하거나 다시는 만나지 않을 사람처럼 원수지간으로 만들면 안 되는 것이다. 내가 어떤 입장이 되어 있을지, 상대방이 나보다 더 좋은 위치에 있을지 모르기 때문이다.

이직을 하면서 나는 두 번 다신 백화점에서 만난 인연들을 볼 수 없을 것이라 생각했다. 일하는 위치도 전 직장과 반대인 거리에 있어 절대 마주칠 수가 없다고 생각했지만 그건 나의 착각이었다.

만날 사람은 언젠가는 만나게 되어 있다는 자연의 섭리를 일깨워 준 셈이다.

지금 만나는 인연들을 함부로 대하지 않길 바란다.

그들을 어디에서 보게 될 지는 아무도 모르는 일이기에 다음번에 어디서든 만나게 되어도 웃으며 만날 수 있는 인연을 만들어 가는 것이 나를 위해서도 앞날을 위해서도 유리하며 때에 따라 조력자가 되어 서로가 도와줄 수 있는 관계가 될 수도 있는 것이다.

내가 누군지 몰라?

일한지 몇 개월 되지 않을 때의 일이다.

흰색 외제차 한 대가 로비 앞에 주차를 하더니 한 여성이 내렸다. 원칙적으로는 로비 앞은 주차가 허용되지 않아 여성이 오면 난 안내를 해야겠다고 생각을 했다.

호리호리한 체형의 낯익은 얼굴의 그녀는 나를 아래위로 훑어보기 시작했다.

'뭐야? 사람을 왜 저렇게 쳐다보지?'

이런 생각을 하고 있는데 그녀가 말을 했다.

"나… ○○○야!!"

'뭐지? 왜 자기 이름을 나한테 말하는 것인가?'

당황하던 찰나 그녀는 다시 한 번 이름을 말한 뒤 말을 했다.

"아가씨가 바뀌었나보네. 아… 그래서 잘 몰랐구나?"

일한지 얼마 안 된 건 사실이기에 난 계속 경청할 수밖에 없었다.

"아가씨, 나… ○○○야. 저녁 8시 이후에 택배 올리지 말라고 분명 얘길 했는데 또 올렸더라."

나는 듣지 못한 내용이었기에 재차 그녀에게 물었다.

"혹시 몇 호이신가요?"

"○○○○호야. 나 두 번 다시 말하게 하지 마. 나 알지? ○○○!!!!"

"네, 알겠습니다. 다시 전달하도록 하겠습니다."

"그래. 그럼 수고하고."

"네, 안녕히 가십시오."

그녀가 떠나고 난 한참을 생각했다.

'연예인이야? 처음 보는 얼굴인데… 신인인가??'

그 후에 알게 된 사실은 황당하기 짝이 없었다. 연예인은 아니었고 다른 동에 사는 입주민으로 동을 착각해서 나에게 말을 한 것이었다. 어쩐지, 난 황당했지만 그럴 수도 있는 일이라 여기고 다른 동 담당직원에게 인수인계를 해 주었다.

알고 보니 그녀는 부산에서 유명한 지역의 절반 가까이나 되는

술집을 소유하고 있는 건물주였다.

'대단한 사람이구나.'

다음날이 되었다.

바쁜 오후시간에 또 낯익은 차량 한대가 로비 앞에 정차되었고 난 그녀임을 직감적으로 알 수 있었다. 난 뛰어나갔고 그녀는 날 보더니 한마디 하였다.

"아가씨. 나 ○○○야. 이거 짐 좀 맡아줘. 조금 있다 찾으러 올게."

"사모님, 여기는 ○동인데요. 옆 동으로 가셔야……"

그녀는 웃으며 내 말을 다 듣지도 않고 차량에 탑승했다.

출차 해버린 그녀의 차량을 보며 그녀가 사는 로비에 전화를 걸었고, 로비직원은 한숨을 쉬며 짐을 가지러 왔다.

"아, 언니… 제가 어제 저녁에 다른 동으로 가서 말하신 거라고 분명 말을 했거든요. 그런데 오늘 또 그러셨네요. 다음에는 무조건 여기 잘못 오신 거라고 전달해 주세요."

"네. 저도 말하려고 했는데 도통 내 말은 듣질 않고 가셔서요.

알겠어요. 다음번엔 꼭 말할 게요."

짐을 가져가는 직원의 뒷모습을 보며 다양한 사람들이 거주하고 있다는 생각에 헛웃음이 절로 나왔다. 그 뒤론 그녀의 모습을 두 번 다신 볼 수 없었다.

입주민들 중에는 자기의 존재를 당연하게 알아주길 바라는 사람들이 있는가 하면 로비에 전혀 왕래를 하지 않아 볼 수 없는 사람도 있고 모든 외부인을 차단해 달라는 사람도 있다. 모든 요구사항을 다 들어주려 노력하지만 전달과정에서 한두 번의 실수가 발생되는 일이 생길 때면 직원들이 힘들어지는 경우도 간혹 생긴다.

내가 근무하는 곳의 630여 세대의 입주민들을 일일이 다 외울 수는 없으나 직원들은 1세대라도 더 인식하여 알아차리려 노력하고 있다. 따라서 직원들에게 요청사항이 있을 때에 빠른 일처리를 원한다면 귀찮더라도 본인의 신분이나 호수는 정확하게 말을 해줬으면 하는 작은 바람이 든다.

선물

명절이 가까워진 어느 날, 가사 도우미 한명이 로비에 맡겨진 포도를 찾으러 왔다.

"아가씨, 우리 사모님이 여기에 포도를 맡겼다고 하든데요?"

"네, 여기 있습니다."

포도는 두 개정도만 들어갈 크기의 상자로 아담한 사이즈였다. 그녀는 포도 상자를 받아들고 로비 소파에 앉아 한참동안 짐정리를 하였다.

주섬주섬 정리를 하다가 나를 한번 쳐다보고는 포도 한 송이를 나에게 건넸다.

"아가씨, 이거 먹어요."

색깔이 고운 청포도 색깔이었다.

"네? 전 괜찮아요. 이모님 들고 가시죠."

"아니에요. 이거 우리 사모님이 먹으라고 준건데, 두 송이 받았으니 한 송이는 아가씨 먹어요."

"아… 괜찮은데… 감사합니다."

시무룩한 표정의 그녀를 보면서 의아해 하였지만 개의치 않은 나는 포도를 놔뒀다가 집에 가지고 갔다.

엄마와 나눠먹는데 엄청 달고 맛있는 포도였다.

그러자 동생이 한마디 했다.

"언니, 그 포도 비싼 거다."

"뭐? 청포도 아니가?"

"아니. 내가 찾아봤는데 망고포도라는 거다. 비싸더라."

가격을 확인하니 포도가격으론 비싼 편이었다.

그 순간 가사 이모님의 얼굴이 스쳐 지나갔다. 왜 그렇게 표정이 좋지 않았는지 생각을 하니 명절 선물로 입주민은 가사 이모님에게 포도를 선물했고, 가사 이모님은 일반 포도인 줄 알고 실망한 표정으로 가져가려다 나에게 한 송이를 주었던 것이었다.

하지만 가격대를 보면 다른 선물세트보단 값어치가 나가는 물품이었고, 겉만 보고 실망한 그녀를 보며 이런 생각이 들었다. 사람들의 보는 기준은 평소에 쉽게 접하는 것을 내 기준으로 여기고 판단해 버린다. 그녀는 포도 상자를 받고 실망한 채 집으로 돌아갔을 것이다.

 전문가가 아닌 이상 일반사람들은 그렇게 생각이 들 것이지만 명절선물이라고 과일을 챙겨 준 입주민도 고민 끝에 비싼 과일을 선물했을 것이다.

 하지만 받아들이는 사람이 깨닫지 못하면 아무리 비싼 선물일지라도 무용지물이 되어 버린다. 그녀가 가격을 알았더라면 나에게 선뜻 한 송이를 내어 주었을지도 의문이었다.

 작은 선물일지라도 주는 사람이 어떤 사람인지 왜 이런 선물을 나에게 주었는지 한번이라도 관심 있게 생각해보고 찾아본다면 선물한 사람의 의미를 제대로 알 수 있지 않을까 싶다.

 선물이란 것은 자기중심적인 선물이 아닌 상대방의 수준에 맞춰 줄 수 있는 선물이라야 진짜 선물이라고 생각한다. 상대방이 필요한 선물을 주었을 때 그 사람이 고마워해야 되는 것이 아닌가?

 선물도 소통이라고 생각한다.

초등학생

1

우리는 요즘 초등학생들을 보면서 예전 같지 않다는 말을 많이 하곤 한다.

나 또한 로비업무를 하기 전까진 초등학생에 대해 관심도 없었 거니와 '초등학생이 초등학생이지 뭐겠는가?' 라는 생각으로 방 학 때 그들이 몰려오는 걸 두려워한다는 PC방 사장들의 애환 정 도만 알고 있던 터였다. 하지만 일을 하다 보니 아이들을 많이 응 대하며 대화를 많이 하게 되었다.

A라는 입주민의 집엔 초등학생의 자녀가 2명이 있었다.

어머니가 많이 바빠서 항상 등하교를 친할머니와 외할머니가 번

갈아 가면서 애들을 보면서 학원도 챙겨주고 하는 모습이 자주 목격이 되었다. 하지만 이 아이들은 엘리베이터 키를 가지고 다니지 않았고 로비 일이 바쁘거나 한가할 때나 비가 오거나 눈이 올 때도 로비에 와서 키를 찍어 달라고 외쳐대는 것이었다. 늘 일관된 모습에 한 번씩은 화가 나서 타일러 보기도 하고 핀잔을 주기도 했지만 일관성 있게 키를 가지고 다니지 않는 것이었다.

거의 포기상태가 되었던 어느 날, 할머니가 어김없이 아이들을 데리러 로비에 나와 계셨다. 갑자기 급하게 바깥으로 나가서 누군 갈 쫓아가더니 다시금 안으로 들어와선 한숨을 연신 쉬는 게 아닌가? 난 평소처럼 인사를 했고 할머니는 집에 가려다 다시 나를 보시고는 다시 돌아와 한탄하며 말을 이어나갔다.

"저기… 있지요."

"네?"

"아니, 참나…. 내 기가 막혀서 말이 안 나오네요."

"무슨 일 있으세요?"

"그게 아니라… 우리 애들 만나러 밖에 나갔는데… 할머니 옷차림이 부끄럽다면서 집에 들어가서 외출복으로 갈아입고 나오라고 핀잔을 주대요. 아니, 우리 때는 애들이 이렇지 않은데 요즘 애들이라 그런가? 참 키우기도 힘드네요."

"아…네…."

할머니의 말을 다 들은 난 아무 생각 없이 옷차림을 쳐다보았다.

잠옷차림도 아니고 그냥 일반 집안에서 입는 평상복이었고 우리가 봤을 땐 아무런 문제없는 옷이었지만 아이들의 눈으로 봤을 때는 옷이 부끄럽게 느껴지는 것인가 하는 생각을 하게 만드는 상황이었다.

이어 할머니가 말했다.

"내가 그래서 넌 엘리베이터 키도 없는데 할머니가 안 오면 어떻게 집으로 올라 올 거냐고 물으니 할머니가 안와도 로비 이모들한테 키 찍어 달라고 해서 가면 된다고 걱정하지 말라면서 얼른 집으로 들어가라고 날 밀치대요. 참… 어렵습니다. 어려워…."

혼자 한탄하듯 말을 내 뱉은 할머니는 힘없이 집으로 귀가하셨고 그런 모습을 본 나는 황당함과 의문점이 들기 시작했다.

그렇다고 우리가 하는 업무가 키만 주구장창 찍어주는 사람도 아닌데 우리한테 찍어달라고 하는 것을 더 미안하게 생각하는 게 맞는 일일 것인데 아이들의 눈에선 그런 생각까진 미치지 못하는 것 같았다. 요즘 아이들은 확실히 우리가 생각하는 시절의 아이들과는 사고방식부터 시작해 모든 것이 다를 수밖에 없다. 상식적으로 이해가 안가기도 하고 때로는 너무 영악한 발언에 깜짝 놀라기도 한다.

2

일한지 2년이 지나갈 때 어떤 초등학생 여자아이가 나에게 이런 질문을 했다.

"이모!! 이모는 몇 개 국어 할 줄 알아요?"

'영어를 할 줄 알아요?' 가 아닌 몇 개 국어라니?

난 순간적으로 이 아이가 왜 이런 질문을 하는 건지 고민이 되었지만 이내 답을 해 주었다.

"그냥 영어 조금 알아듣는다. 왜 물어보는데?"

"아…. 저는 프랑스어, 영어, 중국어 정도만 하는데 프랑스어는 제가 스스로 공부한 거라 좀 미숙하거든요."

'뭐지?'

결국은 자기 자랑이 하고 싶어 물어 본 것이었다. 그래서 난 아이가 원하는 리액션에 맞춰 대답해 주었다.

"우와… 참~ 대단하네. 좋겠다."

일부러 크게 말하며 얘기하자 아이는 좋아했고, 이어 말한 질문은 나를 힘 빠지게 만들었다.

"근데 이모!! 여기 일하면 돈 많이 벌어요?"

"어? 많지는 않지만 먹고 살만큼은 벌지. 왜?"

그러자 아이는 심각한 표정을 지으며 나에게 말했다.

"아… 많이 벌면은 나중에 나 일할 거 없으면 여기서 일하려고 했는데… 생각해 봐야 되나?"

순간적으로 웃음이 터져 나온 나는 아이에게 또박또박 천천히 말을 했다.

"절대 엄마한테 로비에서 일할 거라고 그런 말은 하지마라. 알 겠지? 네가 3개 국어도 할 줄 알고 앞으로 앞날이 더 창창한데 여 기보다 더욱더 좋은 직장이 널 환영해줄 거란다. 그러니 절대로 그 런 말은 꺼내지마."

아이는 슬쩍 미소를 지으며 고개를 끄덕거렸다.

참 황당하기도 하고 어이가 없었다.

하지만 요즘 시대를 가만히 생각해보면 영어는 기본이 된 시대 에 프랑스어, 중국어까지 구사할 정도의 실력자라면 초등학생이 지만 엄청난 교육열로 부모님이 신경을 써줬을 거란 생각에 아이 가 부럽기까지 했다.

우리나라의 초등학생들은 남다른 교육방식으로 그만큼 똑똑해 진 지능을 갖추며 외국에서도 유명한 사례로 손꼽히기도 하는데, 옛날 어린 시절에 공놀이하며 물장구치며 놀던 아이들과는 차원 이 다른 삶을 살고 있다.

그런 시대를 겪은 사람들이 요즘 아이들의 사고방식을 보면 당 최 이해를 할 수 없는 상황에 직면하는 것이 어쩌면 당연한 일일 지도 모른다. 여유가 있는 삶에 부족함 없는 공부와 지식을 습득 하며 자라는 아이들을 편견으로만 바라보지 않았으면 한다.

세상과 시대적인 흐름이 아이들을 그렇게 만들었고 이기적일지 모르나 어릴 때부터 살아온 방식을 다른 사람들이 뭐라 할 수도 없는 것이다. 그저 변해가는 세월에 변해가는 사람들을 보며 내가 바꿔야 하는 시대가 온 것은 틀림이 없다.

옛정의 그리움과 기억으로 살아가는 사람들이 많고 물론 나도 그렇지만 요즘 사람들을 보며 욕하고 질타할 것이 아니라 세상이 바뀌었고 그 흐름에 맞추어 가야 분란 없는 가정을 유지할 수 있다고 생각 한다.

해가 바뀌고 세월이 지나면서 변함없이 내가 기억한 세월에 멈추어 있지 말자. 바뀌지 않고 그대로 멈춰야 있어야 하는 것은 그 당시 들었던 음악과 추억이 있는 장소 그리고 첫사랑이다.

이미지

1

바쁜 주말 오후 날씨는 더웠고 방문객들은 로비를 정신없이 왕래하던 날이었다.

자주 보던 입주민이 나에게 다가와 속삭이듯 말했다.

"아가씨."

"네?"

"저기, 있잖아…."

입주민은 무슨 말을 하려는지 조심스러운 말투로 나에게 말을 하기 시작했다.

"이렇게 더운데… 그거 신으면 덥지 않아? 여기 회사 방침이야?"

난 무슨 말인가 싶어 내려다보았고 나는 압박스타킹을 착용하고 있었다.

그제야 이해한 나는 웃으며 말했다.

"아… 이거 방침이 아니라 제가 신고 싶어 신은 거예요. 압박스타킹인데 여기 오래 서있다 보면 밤에 다리가 많이 붓거든요. 전 이걸 착용해야 덜 붓더라고요."

"아… 그래? 어쩐지… 난 더운데 왜 저걸 신고 있나 생각을 했지."

난 미소를 지으며 인사했고 입주민은 사라졌다.

이렇듯 나는 아무렇지 않게 생각하고 무심결에 한 행동이나 유니폼의 착용모습 등에 주변 사람들은 많은 관심을 가진다. 이런 걸 보고 우리는 그 사람의 '이미지' 라고 말한다. 다른 사람들에게 보여지는 모습과 행동 하나하나가 상대방은 관찰로 이어지고 나를 판단하기에 이른다.

2

어느 날 같이 일하는 여직원이 머리를 짧게 잘랐다. 그 모습을 본 많은 입주민들은 하나같이 바뀐 헤어스타일에 대해 돌아가면서 말을 하고 마음에 변화가 생겼냐는 등 자기들만의 해석과 심지어 초등학생들까지도 달라진 모습에 많은 관심을 보였었다.

나는 일하다가 문득 그럼 나의 이미지는 어떨지 궁금해지기 시작했다. 같이 일하던 남직원 A가 나에게 이런 말을 했다.

"누나는 처음 봤을 때 연민정 같은 느낌이 들었어."

그 말을 들은 나는 발끈하였다.

"뭐? 연민정?? 왜???"

그러자 눈치를 보던 A가 다시 말했다.

"쎄지…. 그냥 보면 좀 쎄다."

도대체 욕인지 칭찬인지 모를 말을 하고는 사라진 A에게 더 이상 뭐라고 얘기했다간 진짜 연민정이 되어버릴 것 같아 참았다.

그러던 어느 날, 다른 B직원이 담배를 피러 나가면서 나에게 농담 반 진담으로 한말이 있었다.

"문정아, 함께할래? 니는 담배를 언제 끊었노?"

그 말을 들은 난 나도 모르게 '내가 담배를 폈었나?' 하는 생각이 들었고 황당하고 놀라 B를 쳐다보며 한마디 했다.

"B때문에 오늘부터 다시 펴야겠네."

그러자 B는 웃으며 나에게 말했다.

"문정아, 농담이다. 농담 알제?"

우스갯소리로 한 말이란 걸 알기에 그렇게 기분이 나쁘지는 않았지만 과연 내 이미지가 남들에게 도대체 어떻게 비춰지기에 연민정, 그리고 담배라니 고민이 되기 시작했다.

무심코 가만히 거울을 들여다보았고 세 보인다는 소리는 나의 화장법 때문이라는 생각이 들었다. 얼굴에서도 눈 화장을 신경 써서 하다 보니 센 언니의 이미지가 생겨 버린 것이다.

내가 눈 화장을 신경 쓰게 된 이유는 보안으로 입사하고 나서부터였다. 보안이라 하면 여리여리한 체형에 순한 이미지가 떠오르지 않는다.

상황에 따라 상대방을 제압해야 하는 경우도 있고 다른 직원들을 통솔해야 하는 경우도 있었기에 여리여리한 순한 외모로는 사람들에게 만만하게 보이기 십상이었다. 그래서 생각했던 것이 화장법이었고 드러나는 얼굴에 좀 더 강한 인상을 주고 나니 만만하게 보거나 우습게 여기는 일은 좀처럼 일어나지 않았다.

나도 모르게 했던 습관적인 화장법과 남직원들과 오래 일한 탓에 말투와 목소리는 여성스럽기 보다는 털털한 편이었다. 너무 강하면 부러지지만 어느 정도 강한 이미지를 잘 활용하면 상대방에게 굳이 말하지 않아도 내가 원하는 방향으로 흘러갔던 것이다.

지금 일하는 곳은 입주민들에게 친절함과 편안함을 모티브로 한 서비스를 제공해야 하기에 너무 강한 이미지는 역효과를 일으킨다. 오히려 싹싹하고 선한 이미지에 잘 웃는 밝은 인상이어야 일하는데 있어 도움이 된다.

예전처럼 너무 진한 화장은 하지 않지만 같이 일하고 있는 직원들에 비해 화장이 진한 편이기도 하다. 그래서일까? 난 가끔씩 일본인이냐는 오해를 받기도 했었다. 좀 특이하게 생겨서인지 몰라도 정말 일본인으로 아는 사람들이 더러 있었던 것이다.

3

로비에 일한지 얼마 안 되었을 때 어떤 초등학생이 유심히 날 바라보았다.

그러더니 친구에게 귓속말로 속닥속닥 거리며 둘은 무언가 주고받는 모습이 포착되었다.

초등학생이 나에게 다가와 조심스럽게 말을 걸기 시작했다.

"저기…… 혹시… 일본인이에요?"

나는 황당함과 웃음이 터져 나오는 걸 꾹 참고 아이에게 말했다.

"하이, 하지메마시떼. 도조 요로시쿠 오네가이시마스."

호기심 가득한 아이들의 기대에 부응한 것이다.

일본어를 들은 아이는 화들짝 놀라며 친구에게 다가가 말했다.

"봐봐. 진짜 일본인이잖아."

"정말?"

"그렇네. 이제 일본인이 일하나 보다."

아이들은 놀라움을 감추지 못한 채 나를 신기한 듯이 계속 쳐다보았다.

4

일이 익숙해질 무렵 어느 입주민이 나에게 말을 걸었다.

"밥은 먹었어요?"

"네, 먹었어요."

"여기는 직원 식당이 어디에 있어요?"

"네?!!"

"저흰 식당이 따로 없습니다."

"아… 그럼 밥은 어디서 먹어요?"

"지하에 탈의실이 있는데 그곳에서 간단하게 도시락 싸와서 먹든지 아니면 밖에 나가서 사먹어요."

"아이고… 세상에…."

그 말을 들은 입주민은 상당히 놀란 표정이었다. 직원식당이 따로 구비되어 있는 줄 알았나 보다.

'그 정도의 복지는 아닌데…' 혼자 속으로 생각한 나는 대수롭지 않게 여기고 넘어가려하자 이번엔 다른 입주민이 나를 불러 세웠다.

"아가씨 여기 근처에 ○○호텔 어디 있지?"

"○○호텔요? 이 주변에는 없습니다."

"아닌데… 내가 여기근처라고 들은 거 같은데… 아가씨, 여기 해운대에 살아서 잘 알거 아니야?"

"여기 근처에 없는 걸로 알고 있습니다. 저희 집은 해운대가 아니라서요. 제가 다시 한 번 더 알아봐 드릴까요?"

"어? 아니야, 됐어. 집이 해운대 아니었어? 허…참…."

하면서 돌아서는 것이 아닌가. 표정은 마치 집이 해운대가 아니라 놀란 모습이었고 그 말을 들은 난 더 황당해 했다. '해운대에 살지 않으면 안 되는 것인가?' 어떤 입주민은 이곳에서 직원들이 기숙사 생활을 하며 지내고 있다고 굳게 믿을 정도이니 말이다.

이 모든 일의 원인은 무엇일까? 난 곰곰이 생각을 해보았다. 기숙사 생활에 집은 해운대이며 직원식당이 잘 갖추어있다고 여기게 된 원인은 무엇일까? 그런 직원들만 뽑아서 채용한다는 글도 쓰여 있지 않은데 말이다.

사람들은 모두 자기가 보는 대로 믿고 생각하고 자신만의 어떤 확신을 진짜라고 판단해 버린다. 그렇다고 이 회사의 사정이라든지 복지에 대해 일일이 설명하는 것은 사람들의 기대치에 부응하지 않아 왠지 내 자신이 위축되고 민망한 상황으로 연결되는 것 같아 당당하게 말을 하지 못하는 경우가 종종 생겼다.

하지만 또 다른 한편으론 제3자의 눈으로 봤을 때 당연히 이 곳에서 좋은 대우를 받고 일을 한다고 여기며 생각하는 것이 그만큼 회사가 좋은 이미지를 가지고 있어서 그런 생각을 하게 만든 건 아닌가 싶어 회사의 네임벨류만큼은 성공의 케이스라 느껴진다.

현실과 이상의 차이는 크다. 현실은 그렇지 않은데 많은 사람들이 이상적으로 생각하며 바라본다면 굳이 그 시선을 정직하거나도 바르게 표현할 필요는 없다. 그들의 생각에 맞게 맞춰 주다보면 오히려 직원들을 대하는 태도도 달라지고 본인들의 지적수준도 향상된다고 믿음으로써 만족스런 생활을 누리게 되는 것이다.

솔직함은 이럴 때 쓰는 것이 아니라 일을 하면서 부당한 일이나 대우를 받았을 때 상대방과 솔직하게 대화함으로써 풀어나가야 되는 것이다.

입주민들이 보는 관점과 내가 상대방을 바라보는 관점, 회사가 직원들을 바라보는 관점은 각기 다르다. 입주민들은 직원들에게 많은 민원을 제기하고 해결해 주길 원한다. FM(Filed Manual)을 지키며 일을 하되 때에 따라 다르게 대처하는 유도리의 방식을 선호하는 것이다.

이 부분에서 가끔씩 문제가 발생하곤 했는데 FM을 선호하는 일부 직원들은 유도리의 방식을 이해하지 못하고 고집하다 일이 커지는 경우도 있었다.

입장을 바꿔 생각해보면 이곳은 일반건물이 아닌 거주지이기 때문에 입주민들이 마음 편하게 생활하고 싶은 방식을 안다면 충분히 이해할 수 있다.

5

A라는 입주민이 있었다.

그날은 A의 자녀 C가 학교와 학원을 오가며 다니다 엘리베이터 카드를 분실하여 로비로 들어오게 되었다. B직원이 로비에 있었는데 오후시간 때라 바쁜 업무를 보고 있었고 C는 B에게 집에 가기 위해 카드를 찍어 달라고 하였다.

하지만 B는 바빴던 상황이라 자리를 비울 수 없었다고 한다.

B는 C에게 엘리베이터를 타고 가는 입주민과 같이 동행하라고 말했고 소심했던 C는 그러질 못하고 망설이다 바깥에 있는 커피숍에 들어가게 되었다.

잠시 후 앞뒤 전후사정을 전혀 알지 못한 나는 교대해서 평소처럼 근무하고 있었는데 A씨가 흥분한 채로 로비로 들어섰다. 다짜고짜 나를 보며 소릴 질러대는 것이 아닌가.

"아가씨!! 로비가 그렇게 바빠요? 엘리베이터 키를 찍어줄 시간조차 없이 바쁘냐고요!!!!!!!!!"

난 깜짝 놀라 A씨를 쳐다보며 말했다.

"네?!! 무슨 일이신데요?"

A씨는 흥분한 채로 나에게 따지기 시작했다.

"아까 여기 있던 직원 어디 갔어요? 아니, 우리 딸이 집에 올 시간이 지났는데 애가 오지 않아서 걱정하고 있었는데 모르는 번호로 전화가 오는 거야. C가 울면서 말하기를 직원한테 키 찍어달라고 했는데 다른 사람이랑 같이 가라고 했다면서? 무서워서 밖으로 나가서 커피숍 직원한테 전화를 빌려 말한다고 하더라고요. 이게 말이 됩니까? 아니, 전화를 해도 로비에 전화기가 있는데 왜 모르는 사람 전화까지 빌려가며 전화를 하게 만드냐구요!!!!!"

흥분을 한 채로 속사포로 따지는 A씨를 보자 난 황당하면서도 모여드는 주변사람들에게 포위되듯 둘러싸이게 되었다.

'도대체 무슨 일이 있었던 것인가?'

난 들은 이야기가 없어 당황할 수밖에 없었고 A씨를 우선 진정시켰다.

"죄송합니다. 제가 무슨 일인지 사정을 몰라서 그러는데…."

그러자 A씨는 더욱더 광분을 했고 나에게 소릴 질러댔다.

"아니!! 아까 여기 있던 직원 어디 갔냐구요!!!!"

"그분은 퇴근 하셨습니다. 전화를 바꿔 드릴까요?"

난 C에게 전화를 걸었고 A씨는 전화기를 집어 들며 말을 하기 시작했다. 나에게 모든 말을 쏟아내서 그런지 당사자와의 통화에선 별다른 말은 하지 않았다.

전화기를 내려놓으며 A씨는 나에게 한 번 더 소릴 질렀다.

"내가 왜 비싼 관리비를 내면서까지 여기 사는데!! 그만큼 당신들도 우리한테 해줘야 하는 거 아니야? 얼마나 바쁘길래 그 몇 초의 시간도 없냐고!!!"

그 말을 듣던 A씨의 지인이 고개를 끄덕였다. 그러자 나를 보며 지인은 한마디를 했다.

"그래. 좀 심하네. 애들 키를 왜 안 찍어주노. 찍어주는 게 뭐가 힘들다고…."

'아…'

나는 이 상황이 너무나 싫었고 화도 났으며 내 일이 아닌 것에 더 짜증이 났다. 좀처럼 흥분이 가라앉지 않는 A씨에게 나는 죄송하다는 말밖에 할 수 없었다. 내 잘못은 아니지만 어쩔 도리가 없는 상황이었다.

그런데 그 모습을 한참 보고 있던 D씨가 말을 꺼냈다.

"저기요! 제가 한마디 할게요!! 내가 여기서 한두 번 본 게 아니야. 로비 아가씨들은 애들 키 찍어주느라 하루를 다 보낼 정도던데 애들이 좀 심한 거 아니요? 집에서 키를 따로 챙겨주던지 해야지. 참나… 진짜 심하다, 심해."

D씨의 발언으로 모여 있던 사람들은 갑자기 흩어지기 시작하고 한참 소리 높여 말하던 A씨는 갑자기 조용해졌다. 머쓱한 표정으로 바뀐 A씨는 조용히 집으로 향했다.

갑자기 조용해진 로비에 난 영혼이 탈탈 털리는 기분이 들었다.

저녁시간이 되었고 한참 정리를 하고 있는데 평소 말이 없던 입주민 부부가 로비에 들어왔다.

"안녕하십니까."

내가 인사를 건네니 부부는 환하게 웃으며 받아주었고 갑자기 가던 길을 멈춰 서서 나에게 다가왔다.

"아가씨."

"네?!!"

"아까 고생했어. 여기 별의별 사람 많잖아. 힘내요. 알겠지?"

모든 상황을 지켜보고 있었던 모양이었다.

"아…네. 감사합니다."

엉겁결에 위로를 받은 나는 한참 생각했다.

갑자기 모르는 번호로 전화가 걸려와 딸이 울면서 하소연을 한다면 어떤 부모가 가만히 있을까? 아마 놀라고 당황스럽고 화가 치밀어 오를 것이다. 난 충분히 이 상황들을 이해하기 시작했다. 나에게 화가 나서 그런 것이 아닌 걸 알기 때문이었다.

하지만 직원의 입장에서 생각해 본다면 바쁠 때는 혼자 감당하기 어려운 부분이 있다는 걸 충분히 알고 있기에 C의 입장도 이해할 수 있는 부분이 있다.

입주민들의 생각이 틀린 것이 아니고 직원들의 생각도 틀린 것이 아니다. 서로의 입장 차이에서 오는 오해와 업무의 효율성을 높이기 위해서는 서로가 조금씩 이해해주는 배려심이 필요한 것으로 보인다.

아울러 어떤 상황이 발생하게 되면 상대가 누구냐에 따라 FM을 적용할 때는 엄격하게 적용하고 유도리 있게 해야 될 때는 상황에 맞춰 일을 하는 것이다.

'이렇게 하면 안 되지 않나?'

'이건 규율에 맞지 않는 일인데 갑질하는 것을 참아가며 일을 해야 하나?'

하는 생각이 들지만 도대체 어떤 점이 갑질인지 정확하게 판단해야 한다.

내가 중요한 결정을 해야 하는 입장에 놓여 있을 땐 급하게 결정을 내리지 말고 상대방의 입장도 한번 고려해보고 선택을 해보는 것이 실수하지 않는 결과를 낳는다. 그렇다고 무조건적으로 그들의 편에 서서 일하라는 소리는 아니다.

때에 따라 센스 있는 행동을 할 때 서로가 얼굴 붉히지 않으며 존중하는 마음으로 오래 일을 할 수 있는 방법인 것이다. 이런 방법들이 계속 유지가 되어 시간이 흐른다면 회사의 입장에선 좋은 이미지로 사람들에게 평가가 이루어지고 용역업체이기에 이곳뿐만 아니라 다른 곳에서도 계약을 할 수 있는 기회가 생겨 일석삼조가 되는 결과를 가져온다.

입소문은 서서히 빠르게 사람들에게 전달되고 회사의 이미지는 그렇게 굳혀지며 만들어지는 것이다. 처음 로비에 일을 하러 왔을 때 내가 접해보지 않았던 계층의 사람들이라 여기고 괜한 긴장감으로 일을 한 적이 있었다. 아무래도 처음 하는 일에 잘 모르는 일이였으니 그럴 만도 했다.

면접을 볼 때 실장님은 나에게 아이들을 좋아하냐고 물어봤었고 왜 이런 걸 물어보는지 궁금했었는데 그 이유를 입사하고 나서야 알 수 있었다. 오전이 되면 정해진 시간에 유치원 학원 차들이 와 학부모와 아이들로 인산인해를 이루었다.

6

로비 바닥은 대리석이기 때문에 씽씽이나 자전거를 타게 되면 미끄럽고 사람들과 부딪히면 인사사고가 발생되기에 한참 사용을 자제하기에 이르렀다. 로비에서 아이들은 신나게 뛰놀며 씽씽이를 탔고 아이가 없는 가정에선 우리에게 시끄럽고 위험하다며 민원을 넣기 일쑤였다. 대대적인 사용 자제를 위한 공고문이 엘리베이터 모니터에 게시되고 직원들도 입주민들에게 안내하기에 바빴다.

그러던 어느 날, 어떤 아이가 학원차가 오기 전에 신나게 씽씽이

를 탔고 난감했지만 혼자 로비업무에 바빴던 나는 빨리 캐치하지
못하였다.

그러자 입주민 A씨가 나에게 다가왔다.

"저기요. 저쪽에 씽씽이 타는 애들 제지 안 해요?"

나는 당황해 하며 말했다.

"아…네. 죄송합니다. 제가 주의를 주도록 안내 하겠습니다."

"아니. 내가 그쪽을 계속 지켜봤는데 전혀 말할 기미가 보이지
않던데?"

"네? 아닙니다."

"아니긴 뭐가 아니야? 내가 계속 봤다니까!!"

점점 커지는 목소리에 주변사람들이 하나둘 쳐다보기 시작하였
고 마침 어떤 입주민이 나에게 키를 놔두고 와서 찍어 달라 요청
하였다.

나는 A씨에게 잠시만 기다려 달라 말한 뒤 키를 찍어주러 자리
를 비우게 되었다.

그러자 엘리베이터 앞까지 따라온 A씨는 내게 똑같은 말을 되
풀이하기 시작했다.

"아가씨, 그렇게 일을 하면 누구는 타고 다니고 누구는 안가지
고 나오는데 너무 불공평한 거 아냐?!! 우리 애들은 타고 싶어도
참고 있는데 저렇게 타는 애들은 뭐냐고!!"

점점 목청껏 소리 높여 따지는 A씨를 보며 난 주변 시선이 나에게만 꽂힌다는 걸 인식하였고 애써 미소를 보이며 고개를 숙였다.

"죄송합니다. 좀 더 신경 쓰겠습니다."

그러자 A씨는 내가 웃으면서 말하는 줄 알았는지 더욱더 화가 난 목소리로 소리치며 말했다.

"전혀 미안하다는 모습이 아닌데?"

'이런… 도대체 어떻게 해야 이 상황을 해결할 수 있단 말인가?'

난 미쳐버리는 줄 알았지만 진정하며 연신 꾸벅꾸벅 인사를 하며 사과의 말밖에 할 수 없었고 억울한 면이 있었지만 그런 상황에 다른 말을 하는 것은 더 이상 통하지도 않을뿐더러 불필요해 보였다. A씨는 구겨진 표정으로 나를 계속 쳐다보며 쏘아붙이기를 반복한 뒤 유유히 사라졌다.

참 난감한 상황이었다. 자제해달라고 양해를 구하면 좋게 받아들이는 사람이 있는 반면, 왜 우리한테만 그러느냐며 따지는 사람들도 있었기 때문에 괜한 욕을 많이 먹게 되었다. A씨의 충고에 기분은 좋지 않았지만 그 뒤로 최선을 다해 안내를 하였고, 하루가 멀다고 양쪽 귀가 간지럽기 시작했다.

한참 씽씽이의 여파가 지나간 뒤 A씨가 나에게 왜 그리 화를 냈는지 이유를 알 수 있었다. 엘리베이터에 게시된 공고문에는 A씨의 자녀들이 모자이크 처리된 모습으로 예시의 사진으로 나와 있었던 것이다. 그냥 봐선 절대 A씨의 자녀들이라곤 알 수 없는 모습이지만 A씨는 보자마자 알아차린 것이다. 하필 모자이크 된 뒷모습의 사진이 화근이 된 것이었다.

입장을 바꿔 생각하면 나의 자녀가 안 좋은 일의 예시로 게시되는 걸 어느 부모가 환영하며 좋아할 것인가? A씨의 입장을 충분히 이해한 나는 그 뒤로도 아무렇지 않게 인사를 하며 아이들이 나오면 손도 흔들고 밝게 맞이해주었다.. 처음엔 인사도 받지 않고 냉랭하게 날 대하더니 시간이 지나도 변함없는 모습에 몇 개월이 지나자 드디어 A씨는 인사를 받아주기 시작했다.

어떤 이들은 나에게 뭘 그렇게까지 하냐며 말을 하기도 한다. 하지만 여긴 주거공간이다. 백화점이나 마트에서 고객을 상대하다 컴플레인이 생겨 문제가 발생하면 해당부서로 인계하고 안내하면 나의 몫은 끝난 것과 마찬가지였고 그 후에 컴플레인 고객과 마주치는 일은 거의 없다.

하지만 주거공간에서는 하루가 멀다고 입주민들과 자주 마주치는 일이 생긴다. 그들에겐 생활공간이자 나에게는 일하는 직장이기에 조금씩 차이점이 있지만 일을 하다보면 나도 모르게 세대마다 생활패턴이 보이기 시작하고 각기 세대별 특징들을 알 수 있다.

그들과 잘 지내는 것이 불편함 없이 지낼 수 있는 나만의 팁이자 방법이었다.

그에 따른 보안도 철저하게 지켜져야 했는데 그러다 보면 방문객들과 마찰이 생기기도 했다. 하나같이 복잡한 구조라며 처음 온 사람들은 우리에게 하소연을 하고 불만을 토로하는 일이 빈번했다. 입주민들의 가족도 자주 방문하는 횟수가 많아졌고 한 번씩 화를 내는 사람들이 더러 있었다.

"야!! ○○층 좀 찍어줘."

반말은 기본에 하대하듯 말하는 사람들을 보면 기가 찬다. 심지어 여기 살고 있는 사람들도 그런 말을 하는 사람이 없는데 말이다.

로비에 바쁠 때 혼자 있는 경우는 더 힘들다.

지나가는 사람이 그냥 봐도 바쁜 상황인데 빨리 키를 찍어달라고 성화를 부리고 소리를 질러댄다. 확인절차가 필요해 인터폰을 하게 되는 그 몇 초도 견디지 못하고 짜증을 내는 사람들을 보면 속에서 울화가 치밀지만 그렇지 않은 사람들이 더 많기에 넘어가는 일이 대다수이다. 배달기사, 방문객, 외부인, 입주민들이 수도 없이 로비를 지나다니고 명절 때가 가까워지면 끝도 없는 택배와 선물세트의 보관으로 인해 눈코 뜰 새 없이 움직이며 바빠진다.

선물세트의 경우도 조심해야 할 것이 있는데 바로 음식이다. 특히 해산물이나 고기를 보관하려 할 때는 철저히 보관인과 받는 사람이 맞는지를 확인해야 한다. 이사 간 줄 모르고 전에 살던 사람 이름으로 보관하는 경우도 있고 주변에 아파트가 밀집되어 있어 이름이 비슷한 곳으로 착각해 맡기는 일이 생기는 일이 발생하기 때문이다. 행여나 음식을 보관할 때 시간이 지나 찾아가지 않으면 변질돼 먹을 수도 없어 우리에게 책임을 무는 일도 있다.

7

어느 날이었다.

로비에 인터폰이 걸려왔다.

"안녕하십니까. 로비입니다."

"저기요!!"

"네, 말씀 하십시오."

"윗집이 너무 시끄러워 못살 것 같으니까 올라가서 얘기 좀 해주세요!!"

"네, 저희가 올라가서 확인해보겠습니다."

인터폰은 뚝 끊어졌고 여자 분의 목소리는 굉장히 신경질적인 말투였다.

난 선임근무자에게 연락을 해서 확인해 보라고 일러주었다.

시간이 흐른 뒤 다시 민원을 넣은 곳에서 인터폰이 울렸다.

"네, 감사합니다. 로비…입…"

"야!!!!!!!!!!!!"

"네?!!"

느닷없는 반말이 들린 나는 내 귀를 의심하고 재차 물었다.

"네? 로비입니다."

"야!! 너, 아까 확인했어?"

"층간 소음 말씀하십니까?"

"네, 아까 저희직원에게 확인해보라 하였고 올라가셨습니다."

"야!! 나 도저히 시끄러워 못 살겠으니까 올라와!! 니가 올라오라고오!!!!!!!!!!!!!!"

"네?!!!"

"…………"

일방적으로 끊긴 인터폰을 바라보며 순간 정적이 흐르고 주변에 있던 입주민들이 한마디씩 던졌다.

"세상에나… 아가씨, 방금 그거 뭔데?"

"미쳤나봐… 뭐야?"

"왜 그렇게 소리를 미친 듯이 질러?"

"아니고…… 참나….."

난 얼굴이 화끈거렸다.

또다시 로비에 전화가 울렸다.

"네, 감사합니다. 로비 근무자 최문정입니다."

"아가씨…."

굉장한 저음의 남성 목소리였다.

"네, 말씀하십시오."

"좀 전에 혹시 아가씨가 인터폰 받은 사람이야?"

"네, 층간소음 말씀이십니까?"

"그래. 아까 우리 와이프가 연락한 거 같던데 윗집에 확인해봤어요?"

"네. 저희 직원이 확인한다고 올라갔었습니다."

"아니, 뭐라는 거야? 직원이 이제 올라와서 확인해봤냐니까 지금 확인한다고 하는데… 왜 거짓말 하는 거야? 지금 장난쳐, 나랑?"

"네?!! 아…… 죄송합니다. 제가 분명히 아까 연락 왔을 때 전달을 했는데 뭔가 착오가 생긴 것 같네요. 죄송합니다."

난 황당했다. 분명 상황 전달을 했는데 나만 거짓말쟁이가 되어가고 있었다.

그러자 남성의 목소리가 한 번 더 들렸다.

"아가씨, 앞으로 그런 식으로 일하지 마."

일방적으로 전화는 끊겼다.

난 화가 치밀어 오르기 시작하였고 해당 선임에게 전화를 걸었다.

"여보세요."

"어, 왜?"

"아까 층간소음 확인 안했어요?"

"어, 깜빡하고 이제 올라갔지. 왜?"

"아니, 그럼 저한테 미리 말 좀 해주시지. 입주민은 아까 확인한 줄 아시다가 이제 확인했다고 화내시던데요."

"그래서? 아니 그럴 수도 있지. 그리고 층간소음은 윗집인지 아닌지 확실하게 모르는 거다. 알고 보면 위층의 옆집일수도 있다. 그냥 니도 신경 꺼라."

"네?!!"

선배님 때문에 나만 쓰레기가 되었다고 말하고 싶었다. 그런데 신경을 끄라니⋯ 선임이 아니면 진짜 싸우고 싶은 마음이었다. 기가차고 어이가 없었지만 입사한지 얼마 안 된 나에게는 선임과 싸우다간 건방지고 성격 더럽다고 소문날 것이 분명했다.

시끄럽다고 매일 민원을 넣는 세대, 우리는 시끄럽게 한 적이 없다며 보안직원이 올라오는 것을 더 이상 원치 않는다며 본인들이 직접 올라오든지 연락하길 원해 해당 세대에 전달을 하면 우리에게 화를 내는 경우가 있다. 그럴 거면 보안직원이 왜 일을 하냐면서 말이다. 이런 걸 조정하기 위해 보안직원이 있고 해결하는 사람이 아니냐고. 그럴 거면 왜 로비에 직원을 세워 두냐며 핍박을 받는다.

솔직하게 이건 누구의 잘못인가? 뉴스에 층간소음 문제로 살인 까지 발생했다는 기사를 보면 참으로 무서운 세상이라는 것을 실감한다. 하지만 우리가 조정기관도 아니고 전달만 해주는 입장에서는 이것 또한 스트레스가 될 수밖에 없다.

요즘은 이런 사태의 심각성을 알기에 '이웃분쟁조정센터'에 연락을 하면 세대방문을 해서 소음측정을 하여 체계적으로 확인하여 분쟁을 조정해주는 기관도 있다고 한다. 하지만 이렇게 끝까지 가는 경우는 드물다. 직접적인 해결책이 없는 이러한 사항들은 도와주고 싶은 마음이 간절하다. 직원으로서 안타까움을 느끼고 좋게 마무리 되었으면 하는 일들이 예상을 빗나가는 결말을 초래하면 나까지 마음이 좋지 않다.

어떻게 보면 로비업무는 단순 업무가 많아 어려운 일이 아니라고 여겨질 수도 있다. 사람상대를 많이 해야 하는 직업이라 상대방이 원하는 부분을 해결해주고 이해시키는 역할도 중요하지만 층간소음 발생 시 중간입장에서 직접적인 해결책을 내어줄 수 없는 상황에서는 정신적으로 힘든 부분이 많다.

약 630여 세대의 사람들을 마주하며 그들의 불편한 점이나 민원을 100% 만족시킬 수 없으나 하나하나씩 해결해 나가면서 오늘 하루도 나는 그들에게서 좋은 에너지를 얻는다. 그렇게 한다면 한

국의 마천루라고도 불리는 최고의 아파트로서의 입지를 앞으로도
굳건히 다질 수 있을 것이라 생각한다.

퇴사

일을 하다 보면 그만두는 사람을 많이 볼 수 있다.

어느 직장에서나 그렇듯이 생각했던 이상과 다르거나 더 좋은 직장이 나타나거나 개인사정 등으로 퇴직을 하고 새로운 사람들이 들어온다. 내가 백화점에서 10년간 근무를 하면서 느낀 건 보안이라는 직업은 정직원이라는 개념보다 알바라는 개념이 더 많이 인식되어 있었다. 그렇다보니 직원들이 자주 바뀌는 일이 허다했다.

한 사람이 그만둔다고 말한다면 관리자들의 반응은 똑같았다.

"왜? 무슨 일 있냐?

"다른 데로 가느냐?"

"일하는데 누가 힘들게 하더냐?"

"생각을 다시 해보면 안 되겠냐?"

"정 그만두고 싶다면 사람 구하고 나서 그만둬라."

한결같은 이런 반응은 백화점이든 현 직장이든 똑같았다.

내가 백화점에서 그만둔다고 말을 할 때의 일이다.

본사 직원 C가 방문하였다.

"문정씨, 그만두신다면서요? 아… 왜 그만둡니까? 그냥 여기서 일하다가 시집가면 될 텐데… 어디 갈 데라도 있습니까? 본사 이래 여직원이 10년 가까이 일한 건 처음인데… 제가 퇴사기념으로 청소기 하나 사드릴 게요. 그동안 고생 많이 하셨어요."

난 대체 이런 말들이 하나같이 진심으로 느껴지지 않았다.

특히 '여기서 일하다가 시집이나 가지' 라는 말은 '네가 그만두면 딱히 할 것도 없을 거면서 다른 생각하지 말고 다른 사람 피해 주지 말고 조금만 더 우리 일을 도와주다가 애인이 생기면 결혼이나 해라.' 라는 말로 들렸다.

당시 결혼생각이 없던 나에게는 언짢음 그 자체였다. 그리고 청소기를 사준다는 말이 황당했다. 웬 청소기? 집들이가나? 그래도 굳이 챙겨주겠다는 말에 고마움과 당황스러움이 교차했다. 그만두고 몇 개월이 지나고 1년이 지나도 청소기는커녕 빗자루도 볼 수 없었다. 그럼 말을 하지를 말던가. 하긴 그만두는 사람을 붙잡아서 청소기라도 챙겨주는 회사가 있긴 한 걸까? 퇴직금이나 제대로 정산이 됐으면 하는 바람이었다.

이처럼 회사는 입사할 때와 퇴사할 때 반응이 극과 극이다. 우스갯소리로 입사할 땐 가족같이 환대해주다가도 퇴사할 땐 (가)족~ 같이 대한다.

나는 일을 하면서 나름대로 한 가지 신념을 가지고 있었는데 그것은 같이 일을 하는 직원이 그만둔다고 하면 말리지 않는 것이었다. 물론 그만두면 주변사람이 피곤해지고 나도 피곤한건 똑같은 일이다. 본인의 잘못으로 인한 퇴사가 아닌 경우를 제외하고 퇴사한다고 하면 얼른 나가라는 주의였다.

직장동료 B가 말했다.

"선배님, 저 사실은 할 말이 있습니다."

"뭔데?"

"저 아직 실장님한테는 말 못했는데, 일 그만두려고요."

"진짜? 언제까지 할 생각인데?"

"이번 달까지만 하고 나갈 겁니다. 아무한테도 말 안했는데 저번에 하던 일도 있고 해서 다시 외국으로 나갈 것 같습니다."

"오!! 잘 됐네. 그래, 더 넓은 곳에 가서 경험을 많이 해 보는 게 좋은 거다. 축하한다. 그러면 이따가 실장님한테는 미리 얘기해라."

"네, 알겠습니다. 그래도 축하해 주셔서 감사합니다."

"감사는 무슨, 내가 다 속이 시원하네."

이렇게 대화는 오고갔고 저녁 무렵이 되었다.

B는 울상이 되어 있었다. 나는 그런 B를 보고 얘기했다.

"표정이 왜 그렇노?"

"아니… 실장님이 왜 이제 말했냐면서 사람구하기도 힘들고 한 달 더 일해 줄 수 없냐고 해서요."

"그래서 뭐랬는데?"

"그건 힘들 것 같다고… 제 일정이 있어서 안 된다고 했죠."

"그랬더니?"

"뭐… 안 좋아하시죠. 일단 알겠다고 하시던데요."

"너도 갑자기 일이 잡혔고 여기도 이곳 나름대로 사정이 있어서 그렇게 말한 것 같은데 너무 개의치 마라. 그렇다고 외국을 안 나가는 건 말도 안 되는 거 아니겠나."

"네."

내일 당장 그만두는 것도 아니고 보름간의 여유도 있는데 사람 구하는 것은 충분히 가능할 것이라는 생각이 들었다.

이처럼 비슷한 사례는 수도 없이 봐왔고 인력이 모자라도 충분히 커버할 수 있는 상황임에도 불구하고 관리자들은 그만두는 이들을 싫어했다. 그 이유가 뭔지 난 수도 없이 생각하고 관찰했다. 물론 그때마다 사정이 달라지긴 했지만 공통적인 점이 있다는 것을 발견했다.

내가 퇴사할 때 관리자들은 '한 달만', '두 달만', '조금만 더'를 외쳐댔다. 왜냐? 나같이 일에 익숙해 질대로 익숙한 직원이 그만두게 되면 주변사람들이 피곤해지기 때문이다. 신입사원이 들어오게 되면 원래 본인들이 누리던 여유감은 사라진다. 평소와 달리 더 신경 써야 하고 실수나 할까봐 신입사원의 불안한 마음이 사라지고 적응할 때까지 말이다.

처음 난 오해를 했었다. 주변 직원들이 한결같이 이런 말을 했기 때문이다.

"일이 힘들제? 니가 힘든 거 모르는 사람 없다. 너처럼 일을 잘하고 열심히 하는데 우리는 안타까운 사람 한 명 놓치게 되는 거니까…"

"회사가 손해다. 정말 다시 한 번 생각해봐라."

이런 말을 듣고 난 놀라웠다.

'내가 이 정도였어? 나도 몰랐던 존재감이 이들에게 있었구나. 이렇게까지 말하는데 다시 생각해볼까?' 하면서 말이다

하지만 그건 나의 착각이었다. 이 모든 건 그들을 위해서였고 그

들이 편하게 지내기 위한 입에 발린 화법일 뿐이었다. 당장 사람이 그만두면 본인들이 아쉬운 일이 많을 테니 말이다. 누구나 계산적인 마음이 한편에는 존재한다. 머릿속으로 내 이익을 따지게되고 내가 손해 보는 일은 죽어도 하기 싫어하니 말이다.

내가 10년간 일을 하며 일일이 셀 수 없을 만큼의 사람들을 응대하고 부딪혀가며 일도 해보고 일의 보람을 느끼면서 내 자신이성장해 왔다는 걸 느낄 때쯤 나에게 더 이상 이곳은 발전이 없다는 것을 깨달았다. 깨닫는 순간 이곳을 그만두는 것이 정답이었다.

10년의 세월을 헛되이 보내지 않았고 인생 공부의 현주소에서인성교육을 남들보다 오랜 기간 배운 거나 다름없으니 말이다. 남들보다 늦은 시기라 해도 후회는 없다. 20대 초반의 청춘의 시작을 보안이라는 직업으로 일을 했고 좋은 인연과 나쁜 인연도 만나보는 경험을 하며 시간은 흘렀다. 그중에는 후회되는 일도 있었고좋은 일도 있었지만 하루에 12시간이라는 근무를 어떻게 했는지…지금 생각해보면 그저 놀라울 따름이다.

마지막 근무일이 되었을 때, 복잡하고 심란할 줄 알았던 기분이의외로 가벼웠다.

실장님과 점심을 먹으며 말했다.

"실장님."

"왜? 마지막 날인데 기분이 어떻노? 홀가분하나?"

"그냥 그렇네요. 그런데 마지막으로 부탁하나만 해도 됩니까?"

"어? 무슨 부탁?"

"백화점 정문 앞에서 딱 한번 소리 질러도 되겠습니까?"

"어? 뭘 어떻게 지를라고??"

"그냥… 별다른 말은 아닌데… 정말 마지막 소원이라서요."

"그래, 뭐라고 지를 껀데?"

"야~이 개새끼들아!!!!!! 난 이제 간다. 두 번 다시 올일 없다. 여기 방향으로 화장실도 안 갈 거고 잘 때 머리를 이쪽으로 두지도 않을 거다!!! 잘 지내라. 개새끼들아!!!!!!!!!!!!!!!"

내 말을 들은 실장님은 잠시 침묵을 지켰고 당황스런 표정이 역력했다.

"문정아…. 그래, 니 마지막 소원인데… 그러면 니가 소리를 지르되 내가 사무실에 불러가는 일만 없도록 해라. 그럼 허락하지."

"아…… 정말요? 그럼 나중에 지르러 내려가겠습니다. 감사합니다."

실장은 초조한 표정으로 나를 바라보았다.

'저것이 드디어 미친것인가?' 라고 생각을 하다가도 '오죽했으면 저럴까?' 하는 아리송한 표정을 지었다.

결국 난 정문을 향했고 소리 지르려고 자리까지 잡았지만 속으로만 힘껏 외치고 돌아설 수밖에 없었다. 큰소리치며 말은 그렇게 했지만 할 수없는 현실이라는 걸 일찍이 깨달았기 때문이다. 무언가 시원섭섭한 마음이 들었다.

지금 생각해보면 그곳에서의 10년은 내 인생의 과도기 혹은 사회생활의 사춘기버전으로 성장하는 과정이라 생각된다. 그렇기 때문에 내가 사람들을 상대하며 받아들일 수 있는 것도 한계가 있었다. 나를 향해 욕을 하는 사람과 다투었던 사람들에게 대처했던 방법들을 생각해보면 난 너무나 어렸다. 그들의 말에 상처를 받기도 많이 받았고 그걸 풀 수 있는 방법은 없었다.

그냥 툭 치고 지나갈만한 대인배가 되지 못했다. 욕을 하든 뭘 하든 무시하고 지나갈만한 일도 10년의 세월동안 다 털어버리지 못했던 것이다. 하지만 그만둘 무렵엔 해탈의 경지에 이르렀고 모든 것이 무념무상의 존재들로 느껴졌다.

그러자 놀라운 일이 생겨났다. 남들과 싸우지도 않았고 욕을 해도 기분이 나쁘지 않았다. 같이 일하는 직원들이 실수해도 이해가 되면서 왜 그런 실수를 저지를 수밖에 없었는지의 과정이 보이기 시작했다.

백화점이란 곳에서 수행이라면 수행을 한 것이다. 몸에서 사리가 나올 만큼 득도했던 인내심은 지금 생각해도 대단한 것이다. 내가 화를 내고 성질을 내고 누군가를 원망할 수 있었던 힘은 아직까지 내가 사람을 상대해서 받아칠만한 능력을 갖추지 못했다는 뜻이기도 했다. 그 모든 것을 받아들일 수 있는 내가 되었을 때 비로소 그곳을 그만둘 수 있었다.

그러자 난 쉬고 싶은 마음뿐이었다. 바로 그만둔다고 말을 할 수 있었고 그런 나의 모습에 놀라는 사람들이 많았다.

마지막 날 실장님은 나에게 케이크를 챙겨주셨다.

"문정아, 그동안 고생 많이 했다. 별거 아니지만… 가족들과 나눠먹고 푹 쉬어라."

지금 생각해보면 실장님이 참 고마운 분이셨다. 인간미가 있으신 분이셨고 정이 많은 분이셨다. 한 번씩 무턱대고 용궁사로 가긴 하시지만 말이다.

그 후로 몸과 마음을 정리하며 보낸 시간은 1년, 내가 앞으로 배워야 할 것은 무엇인가? 곰곰이 생각하자 답이 보이기 시작했다.

내가 간절히 원했던 직장은 이루어지지 않았고 지금의 초고층 아파트 보안서비스직의 직장을 구할 수 있었다. 분명 이렇게 된 원인이 있을 것이다. 이곳은 나를 발전시킬 수 있는 곳이 되는지 아니면 그냥 그렇게 시간을 보내는 곳이 되는지 고민이 되었고 걱정이 앞섰다.

내가 이곳에 온 이유가 분명 있을 터인데 라며 생각하자 3년차에 접어든 지금 답이 보이기 시작했다. 백화점에선 다양한 사람들을 상대하고 응대하며 지냈던 방식이었다면 이곳은 좀 더 상위호환버전인 계층의 사람들을 상대하며 이 사람들의 생활방식과 어떤 직업의 사람들이 있고 그 사람들은 무엇에 관심이 있고 어떻게 살아야 내 의식 수준을 높이고 발전시킬 수 있는지가 관건인 답이 되었다.

내 나름대로 10년간 했던 서비스직의 노하우로 모든 사람을 상대함에 있어 자신감이 있었지만 이곳은 그것과 다른 차원이었다. 3년차에 느낀 것은 단 한 가지, 상류층과 생활소득이 높은 사람을 직접적으로 가까이하고 대화하며 나도 모르는 여러 가지 지식을 습득했던 것이다. 그렇다고 내가 돈을 많이 벌거나 모은 것은 아니다. 하지만 그것보다 더한 걸 얻어가고 있다.

이젠 여러 사람들을 아울러 당당하게 상대할 수 있는 자신감과 힘이 있었고 무슨 문제가 생기거나 닥쳐도 해결할 수 있는 여유가 생긴 것이다. 하루하루 일을 하면서 아무 생각 없이 시간만 채우다 퇴근한다면 이런 걸 깨칠 수도 느낄 수도 없다.

내가 일하는 곳의 특성과 사람들과 대화를 통해 관찰한 것을 자세히 들여다보면 분명 얻어갈 수 있는 것이 존재한다. 이제는 조금 더 큰 세상을 향해 준비해야 할 때가 왔다. 13년간의 나만의 내

공을 바탕으로 전국을 돌며 많은 사람들에게 공감이 가는 이야기를 해주고 싶다.

특히 요즘 사람들은 주변인들에게 받는 스트레스가 크다. 그 상대가 직장동료나 상사 또는 가족이나 친구 사랑하는 사람이 되기도 한다. 무슨 일이 생겼을 때 사람들은 고민의 끝에 결론을 내리고 나름대로 대처를 하지만 그 과정에서 후회되는 일이나 끝까지 해결하지 못하는 문제들도 생겨난다. 그러다보니 서로에게 상처를 주고받으며 상대방에게 아무런 말을 할 수가 없거나 입바른 소리를 하며 하루하루를 치열하게 사는 사람들도 있다.

남들에겐 죽어라 나쁜 사람이 되기도 하고 가족들에게는 더할 나위없는 좋은 사람이 될 수밖에 없는 사람도 있다. 성격마다 다른 모든 사람들과의 인간관계와 그 가운데 발생하는 일들의 대처방법을 알려주고 조금씩 이해하고 바뀌어져 갈 수 있는 그날까지, 나를 필요로 하는 사람들이 생길 때까지, 끝까지 달려갈 것이다.

끝맺음

기업에서 보안이란 참으로 중요한 존재이다.

보안에 대한 명확한 체계적인 교육시스템이 이루어져야 된다고 생각한다. 시중엔 많은 CCTV와 보안 시스템이 있지만 사람이 할 수 있는 일들이 더 많다.

사람들과의 소통과 응대 서비스직을 포함한 교육시스템이 기업마다 꼭 필요한 부분이라 생각하는 동시에 보안이란 직업을 그냥 스쳐가는 쉬운 직업이라고 생각하는 경향이 많은데, 보다 효율적으로 보안을 유지하려면 서비스와 같이 병행하여 교육이 이루어졌으면 한다.

서비스직을 하면서 어떠한 일이 생겼을 때 정확한 답안을 제시하기란 참으로 어려운 일이다.

회사 생활 안에서 자신의 지위를 지키면서 오랫동안 별 탈 없이 일을 했다는 것만으로도 대단한데 일하면서 스쳐지나가는 사람들에게 항상 웃으며 친절하게 대한다는 것은 잠시 나를 접어두고 내가 아닌 인격체를 끌어올려 늘 포커페이스를 유지해야 한다는 것으로 힘들다면 참 힘든 부분이 되었을 것이다.

사람이기에 기분이 나쁠 수도 있고 화가 날 수도 있는 상황에도 불구하고, 아무렇지 않게 혹은 어쩔 수 없었을지라도 무사히 잘 대처했던 모든 서비스직 직원들에게 아낌없는 박수를 쳐 주고 싶다. 어떤 이들에게는 출퇴근길부터가 지쳐버리는 힘든 과정이 될 수 있다. 그 과정을 이겨낸 것 자체가 에이스라 불릴 자격들이 있는 사람들이다.

지금 우리들의 삶은 힘들다. 힘들지 않은 사람들이 없을 정도로 고달픈 삶이다. 이런 삶 속에서 자신의 위치를 지키며 일을 하는 모든 사람들에게 용기와 격려를 보낸다.

세상을 살아가면서 어떠한 어려운 일이 닥치더라도 잘 풀어나갈 수 있는 지혜와 용기를 겸비하여 현실적인 대처방법으로 잘 해결할 수 있는 사람이 되어 살아가길 바란다.

우리 모두는 세상 중심에 설 자격이 충분히 있다.

힘내자!!
모든 직장인들이여!!!!

Class

초판 1쇄 발행 2018년 11월 1일

지은이 최문정
펴낸이 주지오
펴낸곳 무량수
　　　부산광역시 부산진구 중앙대로 777
　　　이비스앰배서더 부산시티센터 2층 (부전동)
　　　TEL. 051) 255-5675 FAX. 051) 255-5676
전자우편 무량수.com

ISBN 978-89-91341-54-8

정가　12,000원